AF315071

COLLECTION
Alfred BARRION

CATALOGUE

DES

DESSINS ET ESTAMPES

ANCIENS ET MODERNES

Caricatures noires et coloriées

PUBLICATIONS ARTISTIQUES, ALBUMS

ŒUVRES IMPORTANTS

DE

MM. BRACQUEMOND, BUHOT, CARRIÈRE, H. DAUMIER
E. DELACROIX, DESBOUTIN, FORTUNY
GAILLARD, SEYMOUR-HADEN, P. HELLEU, A. LEGROS, A. LUNOIS
E. MANET, J.-F. MILLET
DE ROCHEBRUNE, TISSOT, J.-M.-V. WHISTLER.

EXEMPLAIRE D'ALFRED BARRION

PARIS

Edmond SAGOT, Éditeur et Marchand d'Estampes

39 bis, RUE DE CHATEAUDUN, 39 bis

MDCCCCIV

CATALOGUE

DES

DESSINS ET ESTAMPES

DE LA

COLLECTION

Alfred **BARRION**

LA VENTE AURA LIEU

DU 25 MAI AU 1er JUIN 1904

à deux heures **très précises** de l'après-midi

HOTEL DES COMMISSAIRES-PRISEURS

9, RUE DROUOT

SALLE N° 10, AU PREMIER ÉTAGE

PAR LE MINISTÈRE DE

Mᵉ MAURICE DELESTRE, commissaire-priseur

5, rue Saint-Georges (IXᵉ)

ASSISTÉ DE

M. ED. SAGOT, expert, éditeur et marchand d'estampes

39 *bis*, rue de Châteaudun (IXᵉ)

VOIR L'ORDRE DES VACATIONS AU VERSO DU TITRE

EXPOSITION

MM. les Amateurs pourront visiter la Collection au domicile de l'expert du 18 au 21 Mai de 1 heure à 6 heures de l'après-midi.

CONDITIONS DE LA VENTE

La vente sera faite au comptant.

Les acquéreurs paieront *dix pour cent* en sus des adjudications.

L'exposition mettant à même d'examiner les estampes et dessins, ils ne seront repris pour aucune cause.

M. *Edmond SAGOT, chargé de la vente, remplira aux conditions d'usage les commissions des personnes qui ne pourraient y assister, et se réserve la faculté, dans l'intérêt de la vente, de réunir ou de diviser les lots.*

VENTE DU 25 MAI AU 1ᵉʳ JUIN 1904

COLLECTION
Alfred BARRION

CATALOGUE

DES

DESSINS ET ESTAMPES

ANCIENS ET MODERNES

Caricatures noires et coloriées

PUBLICATIONS ARTISTIQUES, ALBUMS

ŒUVRES IMPORTANTS

DE

MM. BRACQUEMOND, BUHOT, CARRIÈRE, H. DAUMIER
E. DELACROIX, DESBOUTIN, FORTUNY
GAILLARD, SEYMOUR-HADEN, P. HELLEU, A. LEGROS, A. LUNOIS
E. MANET, J.-F. MILLET
DE ROCHEBRUNE, TISSOT, J.-M.-V. WHISTLER.

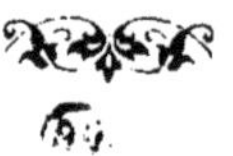

PARIS

EDMOND SAGOT, Éditeur et Marchand d'Estampes

39 bis, RUE DE CHATEAUDUN, 39 bis

MDCCCCIV

ORDRE DES VACATIONS

1re **Vacation.** *Mercredi 25 Mai*

2e **Vacation.** *Jeudi 26 Mai*

3e **Vacation.** *Vendredi 27 Mai*

4e **Vacation.** *Samedi 28 Mai*

5e **Vacation.** *Lundi 30 Mai*

6e **Vacation.** *Mardi 31 Mai*

7e **Vacation.** *Mercredi 1er Juin*

Paris. — Imp. de l'Art, E. Moreau et Cⁱᵉ, 41, rue de la Victoire.

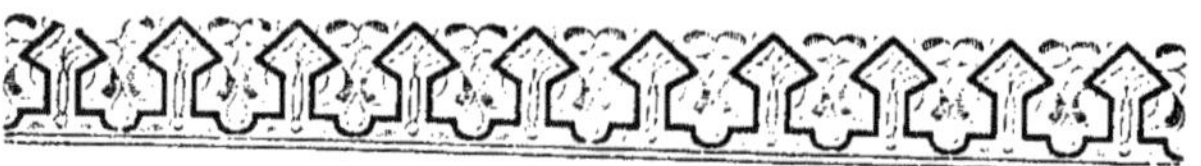

DÉSIGNATION

1 — **Abbema** (Louise). Portraits à la pointe sèche :
Blanche Baretta, J. Claretie, Léo Delibes, Falguière,
Henner, 5 pièces, belles ép. sur japon. — **Abraham**
(Tancrède). Bords de l'Oudon. — Étang de Fayolle.
— Le Puits des Roches. — Chênes et Rochers; ens.
4 eaux-fortes, belles épreuves. — **Ardail** (Albert).
Portrait de S. Carnot, sur chine. Signé.—Un Fumeur,
sur hollande. Signé; ens. 2 p., belles ép.; ens. 10 p.

2 — **Adam** (Victor). Monsieur de la Lapinière, couverture épr. coloriée avec des retouches. — Croquade
n° 6. — Chauffoir public (avec texte). — Chevaux
normands. — Course au clocher. — M. le Baron de R.
— **Anastasi** (A.). Le Matin, *d'après Th. Rousseau*.
— Bords de Rivière, *d'après Jules Dupré*. — Bords
de la Meuse, à Zwindrecht (Hollande), *d'après son
tableau*; ens. 8 pièces, belles épr. sur chine ou sur
blanc.

3 — **Adresses**. Adresses de Ch. Hessèle, par *Ch. Maurin, Jousset, Eychenne*. — *Bertrand*, exposition chez
Pellet, etc.; ens. 5 p.

4 — **Ancienne Société des Aqua-fortistes**. Années
1863, 1864, 1865, 1866, 1867; ens. 5 albums in-fol.
en portefeuilles.

> Manquent : 1863. *Queyroy*. « Menhirs de Meneck ». —
> *Aug. Constantin*. « Fantaisie. » — *A. Queyroy*. « Dans les

Landes. » — *Brendel*. « Le Berger et la Mer. » — *Ribot*.
« Le Mets brûlé »; par contre *Lalanne* « Aux environs de
Paris » est en 2 épreuves.

   1866. *Queyroy*. « Les Étrennes du Bébé. » — *Mercier*.
« Le général Grant. »

   Très belle collection contenant des eaux-fortes de Bracquemond, Legros, Seymour-Haden, Chifflart, Lalanne, Jacquemart, Chauvel, Feyen, Perrin, etc.

5 — **Andrieux**. Scènes militaires comiques, 5 lithogr.
en larg., très belles épr. d'artiste sur chine, *avec
dédicace*. Signées.

6 — **Anquetin**. L'Arrivée aux courses de Longchamps,
lithog. en coul., épr. de remarque n° 3/10. — Canter,
lithogr. en noir, n° 15/25 sur chine. — Adresse d'Anquetin; ens. 3 pièces, très belles épr.

7 — **Anquetin**. Don Quichotte, lithogr. originale, épr.
d'artiste, avec dédicace. — Don Quichotte et Sancho,
de dos, reproduction d'une lithogr. de l'*Escarmouche*.
— Reproductions publiées dans le *Courrier français*,
3 p.; ens. 5 pièces.

8 — **Appian**. Le Port de Saint-Remo, 1875, sur japon.
— Bords d'un étang, eau-forte in-f° en hauteur, sur
japon. Signée. — Paysages, 3 eaux-fortes in-4° en
larg.; très belles épreuves sur chine. Signées; ens. 5 p.

9 — **Asch** (G.). Cathédrale de Tours, eau-forte originale, in-4° en haut.

   Asch, graveur et céramiste; cette pièce a été souvent reproduite sur faïence.

10 — **Association mensuelle**.

   N° 1. Analyse de la Pensée, par Raffet (G. 142), *sur
chine*.

   N° 2. Sur mon Honneur et sur ma Conscience, par
Grandville et Forest, *sur chine*.

   N° 3. Grande Revue passée par la Caricature le
30 octobre 1832, par Raffet (G. 143).

N° 4. Grande Vendange du Budget.

N° 5. La Fenaison, par J.-J. Grandville, *sur chine*.

N° 6. L'Échenillement et les Semailles, par Grandville, *sur chine*.

N° 7. Grenier d'abondance, par Grandville et Jullien.

N° 8. Soirée républicaine donnée dans les Salons de la Liberté de la Presse, 1834.

N° 11. Élévation de la Poire, par Grandville et Despère. *Trou dans la marge du bas*.

N° 15. Les Faux Monnayeurs, par Travies, *sur chine*.

N° 16. Descente dans les Ateliers de la Liberté de la Presse, par Grandville et D., *sur chine*.

N° 17. Grand Banquet monarchique et antinational. par Grandville et Desper, *sur chine*.

N° 23. Le docteur Gervais prétendait avoir vu cela.... par Travies.

Ensemble 12 p., très belles épreuves.

11 — En double de la même série les n°ˢ 2 (sur chine et sur blanc), 5, 6, 7 (sur chine) et 23 (sur chine) : ens. 6 pièces, très belles épreuves.

Le n° 23 a été imprimé par erreur n° 22.

12 — **Aubry-le-Comte**. Françoise de Rimini. *d'après Ingres*. — Une Pensée. — La Soif de l'Or. — Une Famille malheureuse, in-8°, la même in-folio. — Les Vendanges (2 épr.). — Triomphe de Vénus. *d'après Prud'hon* : ensemble 8 pièces, très belles épr. sur chine.

13 — **Bacher** (Otto H.). Roy. Garden, sur japon. Signée. — Régensburg. sur japon. Signée. — Le Pont des Soupirs, à Venise, sur Japon. Signée : ens. 3 p. très belles ép. d'artiste.

14 — **Ballin** (A. et J.) **Batley**. Environs de Boulogne-sur-Mer, par A. Ballin. — Portrait de G. Sand, par J. Ballin (B. 25). — Frontispice pour le Vicaire de Wakefield, sur chine. Signé par H. Batley. — **Barillot** (L.). Le Gué de Las-Laudie, sur japon; ens. 4 p., 3 avant la lettre.

BAUDE (Ch.).

15 — Une Tête d'Homme, d'après *Th. Ribot*, fumé sur japon. Signé. — Portrait de Chardin, *d'ap. lui-même*, fumé sur japon. Signé; ens. 2 p., très belles épreuves.

16 — Norvégienne, d'après... Fumé sur chine. — Un Sauvetage, *d'après Damant*, fumé sur chine; ens. 2 p., très belles ép.

17 — Mort du lieutenant-colonel Froidevaux (dans un incendie), *d'ap. E. Renard*; très belle ép. de fumé sur japon pelure.

18 — A l'Hôpital, *d'après*..., fumé; très belle ép. sur japon pelure.

19 — Pierrette, d'après ..., fumé; très belle ép. sur japon pelure.

20 — Portrait de Victor Hugo, fumé; très belle ép. sur japon pelure.

21 — Portrait du peintre *Français, d'ap. Bonnat*, fumé; très belle ép. sur japon pelure. Signé (2 épreuves).

22 — Fleurs de printemps, *d'après Chaplin*, fumé. — Tête d'Homme, *d'après Edelfelt*, fumé; ens. 2 p., très belle ép. sur japon pelure.

23 — Jeanne, portrait de jeune fille, fumé; très belle ép. sur japon pelure.

24 — Le Canot de sauvetage, gravé sur bois, *d'ap. Haquette*; très belle ép. d'artiste sur japon pelure.

25 — Portrait d'A. Dumas fils, gravé sur bois, *d'ap. Bonnat;* très belle ép. d'artiste sur japon. Signée.

26 — Portrait d'Homme, en bonnet à poil, gravé sur bois, *d'ap. Rembrandt;* très belle ép. d'artiste sur japon. Signée.

27 — Portrait de Jeune Homme priant, gravure sur bois, *d'après Rembrandt ;* très belle ép. d'artiste sur japon. Signée et numérotée 23.

28 — Portrait de Vieillard à collerette blanche, gravure sur bois, *d'après Van Dyck ;* ép. d'artiste sur japon pelure. Signée.

29 — Portrait de Vieille Femme, gravure sur bois, *d'après F. Hals;* très belle ép. d'artiste sur japon. Signée.

30 — Un Homme d'armes, gravure sur bois. *d'après Rembrandt;* très belle ép. d'artiste sur japon. Signée et numérotée 26.

31 — **Baudry** (Paul). *Son portrait,* par Ch. Bellay ; très belle ép. d'artiste sur japon. — Portrait d'Octave de Rochebrune, eau-forte originale ; très belle ép. sur japon ; ens. 2 pièces, plus un bois de Léveillé.

La seconde passe pour n'avoir été tirée qu'à 3 épreuves.

BAUER

32 — Les Éléphants, eau-forte, grand in-folio en haut. sur japon. Signée et numérotée 21.

33 — Entrée à Constantinople, épreuve sur japon. Signée.

34 — Entrée d'une Mosquée, eau-forte, grand in-folio en haut. ; superbe épreuve sur japon. Signée et numérotée 95.

35 — Jérusalem, eau-forte, grand in-folio en largeur ; très belle épreuve sur japon. Signée et numérotée 15.

36 — Matin sur les bords du Gange, eau-forte, grand in-folio en largeur ; très belle épreuve d'artiste sur japon. Signée et numérotée 59.

37 — **Beaumont** (Édouard de). Lithographies tirées du *Charivari*, années 1849 à 1851 ; ens. 68 pièces en 1 portefeuille.

38 — **Béjot** (E.). Eaux-fortes originales : couverture d'*Entractes de pierre* ; le Pont Saint-Michel, tirée en couleurs. — Chevaux de fiacre. — Les Travaux du port à Cannes. — A Cannes, 94 ; ens. 3 pièces, belles ép. d'artiste. Signées.

39 — **Bellangé** (H.. Halte de soldats français. — Quand on est mort, c'est pour longtemps !... — Caporal, venez reconnaître ! — Je n'en joue plus ; ens. 4 lithographies, belles ép. coloriées.

40 — **Beltrand** (T.). Croquis d'enfants. — L'Enfant à la poupée ; ens. 2 fumés, très belles ép. sur japon pelure.

41 — **Benjamin**. Grand Chemin de la postérité, 3 feuilles, in-folio, belles épreuves. — **Alophe**. Portraits de « La Montagne » Assemblée Nationale. — Monsieur Barre père, *d'après Amaury-Duval*. 2 épr. sur chine, dont une avant la lettre.

42 — **Benjamin-Roubaud**. La Contrebande aux barrières, suite de 8 lithogr., belles épreuves.

43 — **Bernier** (Ch.). Étude de Vieille Femme, très belle ép. avec les marges salies ; sur hollande, avec dédicace signée et datée 1893. — Un Crapaud, pointe sèche, très belle ép. sur papier ancien. Signée et datée 1893 ; ens. 2 p.

44 — **Berthon** (P.). Mai. Lithogr. en couleurs, in-folio en hauteur, épreuve d'artiste sur japon, numérotée et

signée 22/50 (tirée à 5o épreuves).—Un Soir.—Études
de nu (nᵒˢ 1 et 2); ens. 4 p. en couleurs.

45 — **Bertrand** (A.). Assemblée dans un parc, *d'après*
Watteau, eau-forte en coul., épreuve de remarque,
sur japon. Signée; numérotée 11.

46 — **Bertrand**. L'Embarquement pour Cythère, très
belle épreuve du trait.

BESNARD (A.)

47 — Eaux fortes et pointes sèches originales :
Liseuse de profil, à gauche, le visage très noir; in-18
en larg. — Liseuse, avec un bébé, in-18 en larg.
Vaux, Août 1885 : ens. 2 p., très belles ép.

48 — L'Affaire Clémenceau, suite complète de 10 eaux-
fortes, très belles ép. sur japon, avant la lettre.

49 — Le Fauteuil de Mapple (femme assise de face), in-f°
en haut., très belle ép. sur hollande. Signée.

5o — La plus haute expression d'un sentiment vague
(danseuse), in-8° sur un cuivre in-4°, très belle ép. sur
hollande.

51 — Baigneurs (deux enfants près d'une barque), très belle
ép., numérotée 18 et signée. Tirée à 100 épreuves.

52 — La Fin de tout, très belle ép. d'artiste sur hollande.
Signée.

53 — Femme nue, couchée, le buste renversé sur le dos-
sier d'un divan, le bras gauche pendant, in-4° en
larg., très belle ép. sur hollande.

54 — Femme nue marchant; au fond, une colonne. Signée : A. B., 1886; gr. in-4° en haut, très belle ép.
sur hollande.

55 — Femme nue en buste, le sein droit reposant sur le
bras droit replié, in-18 en haut.; très belle ép. sur
hollande.

56 — Fillette au grand chapeau retombant par devant ; in-12 en haut. Signée A. B. ; superbe épreuve sur papier verdâtre légendée, 1re épreuve, 1er état.

57 — Femme nue, se lavant la jambe droite. Signée A. B. ; gr. in-4° en haut ; superbe ép. sur hollande.

58 — Réflexion : buste de jeune femme presque de face, tournée à droite, sur un fond de feuillage, le bras appuyé sur le rebord d'une fenêtre, in-4° en haut. Signée A. B. ; superbe ép. sur hollande.

59 — Repos du modèle (vue de face, la jambe gauche sur le genou droit, elle appuie sa tête sur un coussin retenu par son bras droit). Sans signature. In-4° en haut. Superbe ép. sur hollande.

60 — Apparition ou la Jeune Fille appuyée sur une balustrade ; pointe sèche, 1er état *sans le fond, la main gauche appuyée sur la balustrade ;* très belle ép. Signée et datée 1889.

61 — La même pièce, *état avec le fond noirci, la main gauche effacée.* Signée A. B. ; superbe ép. sur japon. Signée et datée 1889 1er.

62 — Fillette couchant une poupée sur un grand lit, in-12. sur un cuivre in-8° ; superbe ép. non terminée, portant le *bon à tirer.* Signé et daté 1888.

63 — La Morte couchée, très belle ép. d'état, avec une grande tache noire cachant les bras de la femme et le drap du lit ; superbe ép. sur hollande.

> Dans cet état, le trait carré, délimitant le sujet, est aussi recouvert à gauche par la tache noire et de salissures dans les autres côtés.

64 — La même pièce, *état terminé, le trait carré nettoyé,* laissant une marge blanche d'un centimètre environ de chaque côté ; superbe ép. sur hollande, avec dédicace. Signée et datée juillet 1888.

> La tache noire enlevée, ainsi que toutes les salissures des

marges ; la planche remordue partout, principalement dans la chevelure, l'ombre de la tête et l'oreiller, les bras et les mains très nettement dessinés.

65 — **Bétout.** Bébé dort ; pointe sèche, n° 15/15. — Intérieur forain à la foire de Neuilly, n° 32/50 ; ens. 2 p. très belles, imprimées en couleurs.

66 — **Bianchi** (M.). Un Enfant de chœur, sur chine. — **Blanche** (J.-E.). Fillette, eau-forte in-12, en sanguine, sur hollande. Signés J.-E.-B. — **Bocquet.** Vieux Pommier, eau-forte, très belle ép. sur japon, in-8° en haut. ; ens. 3 p., belles ép.

67 — **Bléry** (Eug.). Le Ravin de Senlisse (B. 77), très belle épreuve du 2° état. Signée. — Le Vieux Chêne aux Mares de Bellecroix (B. 28), 5° état, sur chine. Signée. — Les Chênes de l'Étang de Cernay (B. 89). 1er état, non décrit, sur chine. — Les Cactus (B. non décrit), sur chine. — La Vanne (B. non décrit), sur chine. — Le Chemin dans le Bois (B. 105). — La Bardane (B. 157). — La Fougère (B. 158 ; ens. 8 pièces, très belles ép. sur chine. une signée.

BODMER (KARL)

68 — Cerf, biche et chevreuil dans une clairière, en collaboration avec Mouilleron. sur chine, *avec dédicace de Mouilleron à Edmond Hédouin.* — Le Matin : cerfs et biches. — Le Soir : cerf et hérons ; ens. 3 pièces sur chine.

69 — *Procédés Comte :* Les Forêts, titre in-8°. — Grenouilles et libellules, in-4°. — Le Nid sous la pluie, in-folio ; ens. 3 pièces, superbes épr. sur chine.

70 — Mare dans une clairière avec 5 biches. eau-forte. petit in-fol. en haut, tr. belle épr. d'artiste non terminée, avec des essais de pointe dans la marge. — Cerf et deux biches en forêt, eau-forte, in-4° en haut., tr. belle épr. d'essai sur hollande ; ens. 2 p.

71 — Le Papillon et le Colimaçon, eau-forte, in-4° en haut.; 2 épr. d'essai sur hollande, dont une retouchée au crayon et à la mine de plomb. — Souvenirs d'artistes (n° 547) : Animaux, 2 litho. sur une feuille. — Hérons (B. 5.), eau-forte sur chine. — Oie et Héron (B. 8.), 2 pièces sur le même cuivre; ens. 5 pièces.

72 — **Boilly** (L.). Le Bonnet de la Grand'Mère. — Les Grimaces (n° 3). — Finissez donc; ensemble 3 pièces, belles épreuves coloriées.

73 — **Boilly** (Jules). **Sirouy.** Le Repentir, Vénus au bain, Vénus et Adonis, 3 litho. de Jules Boilly, d'après Prud'hon. — Portrait de Mlle Meyer, par Sirouy, *d'après Prud'hon*, belles épr. — Portrait de Prud'hon, eau-forte en sanguine; ens. 5 p.

74 — **Boilot** (A.). L'Amateur de peinture, *d'après Aranda*, superbe épr. de remarque sur parchemin. Signée.

BOILVIN (E.)

75 — Agacerie (B. 3.), épreuve sur japon, tirée avec cache-lettre. — Deux vignettes pour les Dames galantes, *d'après Édouard de Beaumont*, deux très belles ép. Signées. — Les Pêcheurs, 1er état, tirée à 15 ép. sur hollande. Signée; ens. 4 pièces, très belles épreuves.

76 — Le Bain; très belle épreuve de remarque, sur japon, avec dédicace. Signée. — Portrait d'Edmond Hédouin, 1er état. — Le Roman comique. — Janotus de Bragmardo réclamant les cloches à Gargantua (B. I.) sur chine; ens. 4 pièces.

77 — Douze têtes de femmes, décors d'assiettes pour la fabrique d'Haviland (B. 4), très belles épr. sur hollande.

> Série de toute rareté, à laquelle nous joignons une autre pièce *non décrite* et qui porte pour titre " Femme à la prière ", n° 17, également très rare.

78 — The Mazarin Library, *d'après Fortuny*, très belle épreuve de remarque, sur japon. Signée.

78 *bis* — La même pièce, belle épreuve sur japon, avec la lettre.

BONINGTON (R. P.)

79 — Son portrait, eau-forte par F. Villot, 1847 ; belle ép. d'artiste sur chine. — Suite de sujets de genre, 6 lithographies (B. 47-52), très belles ép. sur chine ou sur blanc (une en double) ; ens. 8 pièces.

80 — Rue du Gros-Horloge (B. 1), très belle ép. sur chine.

81 — Eglises Saint-Gervais et Saint-Protais à Gisors (B. 2), 2 très belles ép. sur chine.

82 — Façade de l'Eglise de Brou (B. 8). — Tour aux archives, Vernon (3). — Tour du Gros-Horloge, Évreux (4). — Abbaye de Tournus, vue générale de l'Eglise (B. 7) ; ens. 4 pièces, très belles ép. sur chine.

83 — Tombeau de Marguerite de Bourbon dans l'Eglise de Brou (9), 2 épreuves dont une sans lettre. — Vue générale des ruines du Château d'Arlay (10). — Ruines du Château d'Arlay (11). — Croix de Moulin-les-Planches (13). — Vue d'une rue du Faubourg-de-Besançon (14) ; ens. 6 p., belles ép. sur chine.

84 — Maison, grande rue Saint-Pierre, à Caen (19). — La Tour du marché de Bergues (18) ; ens. 2 p., très belles ép. sur chine.

85 — Bologne ; eau-forte, très belle ép. sur chine (B. 64).

86 — **Bonnat.** Gambetta sur son lit de mort ; eau-forte (?) in-4° en largeur, très belle ép. sur papier ancien.

87 — **Bonvin.** Frontispice pour la succession Lecamus. — Les Instruments de l'eau-forte. — La Tisserande.

— Le Graveur, effet de lampe. — Le Dessert. — La
Fileuse. — La sortie de cave. — Enfant mangeant sa
soupe. — Portrait d'homme, grav. sur bois *d'après
Bonvin*, par J.-J., 1847, fumé sur chine; ens. 8 pièces,
5 très belles épreuves sur japon.

88 — **Bottini** (Georges). Scène de brasserie, bois en couleurs, par *Harry van der Zee*, n° 13/20. — Scène de
bar anglais, bois en couleurs, par *Harry van der Zee*,
n° 9/20 ; 2 très belles ép. sur japon. Signées du peintre
et du graveur.

89 — Sortie de café, bois en couleurs de *Harry van der
Zee*, n° 20/25. — La Femme aux iris, litho. en coul.,
ép. de remarque ; ens. 2 pièces, tr. belles ép. Signées.

90 — **Bouchot.** Les Bonnes Têtes musicales, 13 pièces
(sur 25), belles épreuves avec texte. — Souvenirs grotesques, n°s 5 et 9, 2 pièces coloriées ; ens. 15 pièces.

91 — **Boudot** (Léon). Le Soir à Mouthiers (Doubs), eau-
forte. — **Breton** (Emile). Paysage, effet de neige,
eau-forte en larg. — **Brispot** (H.). Chœur d'Église,
ép. d'artiste sur japon ; ens. 3 p.

92 — **Boulanger** (Louis). Lithographies originales. —
Le Dernier jour d'un condamné (B. 3). — Le Sommeil
du lion (B. 21). — Attaque du lion, du tigre, de l'ours
(B. 23). — Le lion et le tigre *non décrit*; ensemble
6 pièces, belles épreuves.

93 — Ronde du Sabbat (B. 7), litho., très belle épreuve
sur chine.

94 — **Bouquet** (Aug.). Charles Cavet. — Femme trop
séduisante !... tu vas me ruiner, coloriée. — Parias,
d'après Préault, sur chine. — Le Caravansérail, eau-
forte. — **Bonhommé** dit le Forgeron. Intérieur de la
mine de la Vieille-Montagne, litho. sur chine ; ens.
4 pièces.

95 — **Boutet** (Henri). Annonce de l'ouverture de la maison Floury ; pointe sèche en sanguine. — Invitation, Arts incohérents, année 1884. — Jeune Fille au chapeau. — Darling ; 2 sur japon. Signées et numérotées. — Cartes pour un menu, pointe sèche. — Mme Chrysanthème. progr. du Théâtre Libre ; litho. coloriée. — Déshabillage. 2 croquis de femme retirant son corset avec au milieu une jeune femme dans la rue. ép. d'essai sur chine ; ens. 7 p.

96 — L'Essai du corset noir, *pointe sèche*, 1er état, très belle ép. sur japon.

96 *bis* — La même pièce, lithographie, très belle ép. sur japon. Signée.

97 — Jeune femme à sa toilette, pointe sèche ; in-fol. en haut., superbe ép. du 3e état, s. japon. Signée.

98 — Jeune femme et son bébé endormi, pointe sèche. s. japon, tirée à 20 ép. Signée. — Sur le refuge. pointe sèche ; ensemble 2 pièces. très belles épreuves, une signée.

99 — Jeune fille lisant au lit. pointe sèche, 1er état. s. japon. Signée. — Coin de Paris la nuit. eau-forte sur japon ; ensemble 2 pièces. belles épreuves.

100 — Paris-Croquis. 12 planches de cette série. n°s 1, 2, 10, 12, 13, 16, 18, 20, 21, 22, 26, 27, sur hollande.

101 — **Boutet de Monvel** (Bernard). Jeune homme, eau-forte en couleurs tirée à 25 épr., n° 1. — Vieille femme, eau-forte, tirée à 20 ép., n° 7. — Le Chemineau. 6e état ; ens. 3 pièces, très belles ép. sur hollande. Signées.

BRACQUEMOND (F.).

102 — Son portrait, par *Rajon*, d'après son tableau, ép. d'artiste sur hollande, *avec dédicace de Bracquemond à Burty*.

102 *bis* — Le même portrait, même état, sur japon.

103 — Portraits de Baudelaire (H. Béraldi, n° 10), 1er état, sur chine; (Baudelaire 12 première épreuve avant les contretailles dans les cheveux, sur hollande. — Portrait de Bérard, architecte (B. 16), ép. sur japon, retouchée: ensemble 3 portraits, très belles ép.

104 — Jacques Bosch (B. 18), très belle épreuve du 1er état, sur hollande. Signée.

105 — **Portrait de Léon Cladel** (B. 21), superbe ép. du 1er *état*, sur hollande.

106 — La même épreuve, terminée, avant toute lettre, sur japon.

107 — Portrait de Daubigny (B. 26), ép. avant la lettre. — Eug. Delacroix (B. 27), sur japon. — Portrait de Jules Didier, peintre (B. 29), sur japon, ens. 3 p., très belles épreuves d'une grande rareté.

108 — Portraits : d'Edwin Edwards, peintre graveur anglais (B. 38), 7e état, sur hollande ; — Fernand, grand troisième rôle (B. 43, sur japon ; — Benjamin Fillon (B. 44), avant lettre, sur hollande.— Frontispice pour grandes figures d'hier et d'aujourd'hui : G. de Nerval, Balzac, Courbet, Wagner B. 51); ens. 4 pièces, très belles épreuves.

109 — **Erasme**, d'après *Holbein* (B. 39), superbe et très rare épreuve avant toute lettre, sur chine volant.

110 — **Portrait d'Edmond de Goncourt** (B. 54), superbe épreuve d'artiste, sur japon. Signée.

> Avec l'envoi suivant :
> « A Burty, son ami
> Edmond de Goncourt. »

111 — Portraits : Hoschedé, critique d'art (B. 63), sur papier ancien. — Charles Keen, dessinateur anglais (B. 66), sur hollande. Signé et daté juin 1871, Lon-

dres; 2 pièces, très belles épreuves provenant de la
vente Burty. — Th. Gautier (49), sur chine, 4e état,
lettre grise; ens. 3 p.

112 — Portraits : Lantara (B. 71), 2e état, avant la lettre,
sur papier ancien. — Jules Laurens, peintre (B. 72),
sur papier ancien vert; ens. 2 pièces, très belles ép.

113 — Portrait de Ch. Méryon (B. 77), *reproduction*, ép.
sur hollande. Signée. (Plus un gillottage du même
portrait.)

114 — Portrait de Louis Robert (B. 94), sup. épreuve du
1er *état*, sur papier ancien.

    Rare.

115 — L'Enfouisseur et son compère (B. 104). — Le Fou
qui vend la sagesse (B. 109); ens. 2 p., très belles ép.
sur papier ancien.

116 — Sarcelles (B. 111), 3e état, tiré à 30 épreuves, sur
blanc.

    Bel état de cette planche.

117 — Perdrix (B. 112), superbe ép. du *3e état*, sur papier ancien jaunâtre.

118 — La même pièce, même état, belle ép. sur hollande.

119 — Margot la critique (B. 113), *3e état*, 2 épreuves
sur chine.

120 — **Le Corbeau** (B. 115), superbe épreuve d'un état
non décrit, intermédiaire entre le 1er et le 2e, sur hollande.

    Etat avec le ciel, avant les vers et sans aucune inscription
dans la marge.
    Nous y joignons une épreuve de l'état terminé, sur chine;
ens. 2 p.

121 — Le Canard (B. 116), *4e état*, sur chine. — Le
Pêcheur et les deux enfants (B. 120), sur hollande;
ens. 2 p.

122 — Panurge sortant de chez Rominagrobis (B. 126),
superbe ép. sur whatman, du 1er *état, avec dédicace à
Aug. Delâtre. Signée.* — La même pièce, ép. avec la
lettre, sur chine; ens. 2 p.

123 — Les Taupes (B. 134), très belle ép. du 2e état sur
papier ancien, *avec la pierre ombrée* et datée 1854.
(Cachet de la Collection Burty.)

124 — Deux Troncs de charmes (B. 129). — La Pluie. —
Le Retour au logis (B. 138-139), 2e état. — Essais
d'eau-forte (B. 146). — O Lune! (B. 153), 2e état,
signée; ens. 4 p. sur différents papiers, très belles
épreuves.

   Plusieurs sont rares.

125 — Les Canards l'ont bien passée (B. 154), 2e *état,*
sur papier ancien.

   Rare.

126 — **La Volaille plumée** (B. 155), très belle ép. sur
papier ancien.

   Très rare, n'a été tirée qu'à six épreuves.

127 — Le Bois de Boulogne (B. 158). — Siège de Paris,
cinq eaux-fortes (B. 197-201); ens. 6 pièces sur chine
et sur hollande.

128 — Vanneaux et Sarcelles (B. 175), 2e *état,* sur 3.
épreuve d'artiste sur hollande.

129 — La Mort de Matamore (B. 177), *3e état,* sur papier
de hollande. — La même pièce, épreuve *sans lettre,*
sur chine; ens. 2 pièces.

130 — L'Hiver ou le Loup dans la neige (B. 180), épreuve
sur chine, tirée sans lettre. — Les Cigognes (B. 179),
1er état. sur 2, très belle ép. sur japon; ens. 2 p. *(Cachet de la vente Burty.)*

131 — La Scierie du Bas-Meudon B. 188, très belle ép. sur papier ancien. Signée du *1er état*.

> Tirée à 23 épreuves, rare.

— La même pièce, *2e état*, sur papier ancien, très belle ép.; ens. 2 p.

132 — Le Bateau de Teinturier (B. 192). *1er état* (seul) décrit, 2 épreuves de différents tirages, très belles, sur papier ancien.

133 — Il pleut à verse B. 212, *2e état*, sur B. — Au Jardin d'Acclimatation B. 214, *6e état*, signée; ens. 2 p., très belles épr. sur japon.

134 — Vue du Pont des Saints-Pères (B. 217, très belle ép. du *3e état*, sur japon.

> Tirée à 10 épreuves.

135 — La Nuée d'orage (B. 219), très belle ép. du *1er état*, sur japon.

> Tiré à 20 épreuves.

136 — La même pièce, très belle ép. du *7e état*, sur japon. Signée.

> Tirage à 25 épreuves.

137 — Le Lapin de garenne (B. 220), *1er état*, sur japon. Numérotée (10) et signée.

138 — **Ébats de Canards** B. 221, superbe épreuve du *1er état*, sur japon.

> Tirée à 30 épreuves.

139 — **Le Vieux Coq** B. 222, magnifique ép. du *4e état*, sur chine. Signée et numérotée.

140 — Les Mouettes 223, très belle ép. d'artiste sur hollande. Signée.

141 — Roseaux et Sarcelles (B. 224), *4e état*, épreuve d'artiste, sur hollande. Signée.

142 — Paysage (Coucher de soleil), *d'ap. Corot* (B. 251), très belle ép. du 2ᵉ *état*, sur japon. Signée.

143 — Paysage (ou le cheval blanc), *d'ap. Corot* (B. 252), superbe ép. du 1ᵉʳ *état*, sur japon. Signée.

144 — Deux eaux-fortes *d'après Gavarni* (B. 257 et 258), ens. 2 pièces, très belles ép. sur chine collé.

145 — Le Lièvre, *d'après A. de Balleroy* (B. 277), 2 ép. dont une de *premier état*, avec le fond blanc (cachet de Burty) sur papier ancien, l'autre du 2ᵉ *état, avec un grain sur toute la planche*; ens. 2 pièces, très belles ép.

146 — Jeune Femme en costume espagnol, *d'après Manet* (B. 279), très belle ép. sur papier ancien.
    Rare.

147 — La Servante, *d'ap. Leys* (B. 280), superbe ép. sur japon du 2ᵉ *état, avant la coupure de la planche*.

148 — Étude d'après un tableau *de Turner* (Le Train) (B. 336, 2 épreuves sur hollande, dont une de *premier état* avant la pointe sèche ébarbée.

149 — Boissy-d'Anglas, présidant la Convention, le 1ᵉʳ Prairial an III, *d'après E. Delacroix* (B. 341), belle épreuve avec la lettre sur japon.

150 — L'Homme à la houe *d'après J.-F. Millet* (B. 345 *bis*), réduction pour *les Cent chefs-d'œuvre*, hollande. Signée. — L'Habitation rustique, *d'ap. Ostade*, 3ᵉ *état* (B. 292). — Attelage de Bœufs, *d'après Buisson* (B. 254). — Le Repos, *d'après Stevens* (B. 256). — Un Buveur, *d'ap. Lafond* (B. 241), ép. avec dédicace. Signée. — Joueur de flûte, *d'ap. Curzon* (B. 245). — Un Camp, *d'ap. H. Vernet* (B. 253), 2ᵉ *état*. — L'Éloquence des fleurs, *d'ap. A. Duval* (B. 268); ens. 8 p. sur divers papiers.

151 — La Rixe, d'après E. Meissonier (B. 349), très belle
épreuve du 11e *état* avec la lettre.

152 — Chansons de Desforges de Vassens (B. 356, 357,
358); ens. 3 pièces, très belles ép. sur chine.

153 — Frontispice pour *Odes funambulesques* de Ban-
ville (B. 371), *4e état*. — Frontispice pour les *Tré-
teaux* de Monselet, front. pour les *Amis de la Nature*
(B. 373, 374), 2 gravures sur une même feuille, sur
papier ancien, plus un double du second, sur papier
ancien ; ens. 4 p., très belles ép. en 3 feuilles.

154 — Frontispice pour *Chants et Chansons populaires*,
d'ap. Ed. *Morin*, 2 ép. dont une sur chine, avec
retouches nombreuses au crayon et petite remarque
(l'autre ordinaire). — L'Eclipse (B. 435); ensemble
3 pièces.

155 — Illustrations. 15 eaux-fortes pour Rabelais (B.
441-455). — Portrait de Rabelais (B. 89); ens. 16
pièces, très belles ép. sur chine.

156 — Ex libris, Ph. Burty (B. 514). — Asselineau (B.
506). — Ex libris de Ph. Burty (Frontispice); ens.
3 p., très belles ép. sur divers papiers.

157 — Service de table de la maison Rousseau, suite de
13 feuilles contenant un grand nombre de sujets, animaux ou plantes, très belles épreuves sur hollande
(B. 530-554).

> Nous possédons de cette série les nos 11 (540), 15 (544),
> 16 à 18 (545 à 547), 20 (549), 21 (550), 22 (551), 23 (552), 25
> (554), plus 3 planches non décrites 554 *bis, ter et quater*.

158 — Notre-Dame-de-Paris. (Décors pour fonds d'assiettes (B. 560), très belle ép. sur vieux papier.
> Rarissime.

159 — Le Baiser, *d'après Toulmouche* (B. 758). — Scène
de Don Juan (B. 752), très belle ép. sur japon (Coll.
Burty).

160 — Le Verger, lithographie, très belle ép. *d'essai* sur vieux pap., tirée à 6 ép. Signée.

161 — Brumes du matin (B. 779), ép. d'artiste du *4e état*, sur hollande. Signée.

162 — Les Puiseuses d'eau, *d'après J.-F. Millet* (B. 785), très belle épreuve d'artiste, *sur parchemin*. Signée.

163 — Le Nouveau-né, d'après *J.-F. Millet* (B. 786), très belle ép. du *1er état*, sur hollande. Signée.

164 — Le Canard (titre pour les Graveurs du XIXe siècle) (B. 794), très belle ép. sur papier ancien du *2e état* (tirée à 6 épreuves .—C'est un esprit vengeur qui passe, *d'ap. Dalou* (B. 806), ép. avant lettre, sur japon. — La Marmite (B. *non décrite*), état avec l'écusson terminé, sur papier ancien; ens. 3 p.

165 — Janot Lapin (B. *non décrit*), épreuve du *5e état*, sur papier ancien.

166 — La même pièce, très belle ép. *terminée*, sur japon.

167 — **Bresdin** (Rodolphe). Le Bon Samaritain, superbe épreuve sur chine, toutes marges.

168 — Eaux-fortes et lithographies, 12 pièces, très belles épreuves, la plupart sur chine. *Une avec dédicace autographe, signée*.

> Pignons de vieilles maisons: aquatinte in-12 en larg. Signée, datée 1865, *non décrite* par Bouvenne.
> Revue fantaisiste : Cour de ferme (Bouvenne 18. — La Ferme couverte de chaume (B. 20).— Intérieur flamand (B. 22), report lithographique. — L'Armée romaine (B. 23). — Entrée de village (B. 29). — Intérieur d'habitation moldave (B. 32), sur japon. — Paysage (B. 34), report lithographique. — Paysage (B. 36), sur japon. — Mon rêve (B. 40).—Comédie de la Mort (B. 44), lithographie avec dédicace, signée, datée 15 octobre 1872. — Intérieur moldave (B. 56).

169 — La Mort de Bresdin, dit Chien-Cailloux, *dessin de Henri Boutet*, Sèvres 13 janvier 1885. (*Provient de la collection Champfleury.*)

170 — **Broquelet**. Le Marchand d'Estampes, *d'après Boulard*, litho., in-fol. en largeur, très belle épreuve d'artiste, sur chine. Signée. — **Bouvenne** (A.). J. de Goncourt, par Ed. de Goncourt, lithographie, très belle ép., sur chine, avec dédicace. Signée et datée *X^bre 73*.

171 — **Brown** (John Lewis). Le maréchal de Conflans inspectant les côtes de Bretagne et surveillant les mouvements de la flotte anglaise, très belle ép. d'artiste, sur japon.

172 — La même pièce, très belle épreuve de remarque, sur hollande.

La remarque consiste en des armoiries.

173 — Soldats à cheval, Cavaliers, Marchand de chevaux, Chevaux, Scène de cheval, Une Reconnaissance, Dragons, Hussards, etc., etc.; ensemble 22 pièces de petit format, gravées à l'eau-forte et à l'aquatinte, tr. belles épreuves *d'artiste*, plusieurs d'état.

174 — **Brunet-Debaines**. Hôtel-Dieu, derniers vestiges du pont Saint-Charles, très belle épr., sur chine. — Clocher d'église, sur japon, sans lettre; ens. 2 pièces.

BUHOT Félix

175 — Victor Hugo, d'après David d'Angers (G. Bourcard, n° 1), *2e état*, sur hollande, marges non nettoyées. — Un Dimanche en Alsace (B. 4), *d'après Jundt*, *2e état*. — Au fil de l'eau, *d'après Jundt* (n° 5), 2 ép. des *1er et 3e état*. — Paysage, *d'après de Kniff* (8), *2e état*; ensemble 5 pièces sur différents papiers, très belles épreuves.

176 — Portrait de Froment-Meurice (10), 2 épreuves du *1er et du 2e état*, très belles. — Ex libris japonais, Papillon et Libellule (20).—Ma Petite Ville (27), 2 ép. du 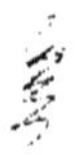 *2e état*, l'une sur holl., *avec dédicace à Burty*, l'autre

sur papier essencé (planche détruite). — Environs de
l'Ancien collège Rollin (38); ens. 6 pièces, très belles
épreuves, cette dernière *signée*.

177 — Les Anes du Midi (40), *1er état*. — Pierrot pendu
(49). — Le Poisson volant (52). — Quatre Anons dans
un pré (54). *1er état*. — Croquis d'Anes 55 — L'Entrée
de Landemer (57), *1er et 2e état*. — Cacoletière de
Luchon (58). — L'Ane et la Vieille (59). *2e état*. —
Cacoletière à la tour (62); ensemble 10 pièces, très
belles épreuves, dont 3 *signées*.

178 — Le Réveillon (67), 2 épreuves. — Pluie et Parapluie (68). *2e état*. — La Ronde de nuit (70). *2e état*,
sur papier essencé. *Signée*. — Spleen et Idéal (73). —
Les Anes de la Butte-aux-Cailles (74). — Les Chiffonniers (75). — L'Étang de la Bièvre (43) et Les Chiffonniers (75), tirées sur la même feuille; ens. 9 pièces,
dont 3 *signées* ou *timbrées* (*planches détruites*).

> La Ronde de nuit (n° 70) est une eau-forte et vernis mou,
> et non une eau-forte et pointe sèche, comme l'indique par
> erreur le Catalogue.
> La planche du n° 73 est détruite et non perdue.

179 — Les Gardiens du logis (76), 2 épreuves du *2e état*,
sur papier ancien et sur papier de hollande, mais de
tirage différent, 1 *signée* et 1 *timbrée*.

> Très jolie petite pièce.

180 — L'Ensorcelée, suite complète de 6 vignettes (85 à
90), très belles et très rares épreuves, sur japon *avec les
marges symphoniques*.

> Nous y joignons Le Chevalier Destouches (91), planche 1,
> du 5e état; ensemble 7 pièces.

181 — Une Vieille Maîtresse, suite complète de 10 pièces
(99-108), très belles et rares épreuves *avec les marges
symphoniques*, sur japon, *timbrées*.

182 — Ex libris pour l'Ensorcelée (116), épreuve du
2e état, sur hollande. — Un Grain, à Trouville (122),

3e état, avant lettre (pl. détruite) ; ens. 2 pièces, belles épreuves.

183 — Une Matinée d'hiver, au quai de l'Hôtel-Dieu (123), belle épreuve du *2e état* sur hollande. — La même pièce, très belle épr. du *3e état, la planche retravaillée*, sur papier ancien verdâtre. *Signée;* ens. 2 pièces (pl. détruite).

184 — Le Retour des artistes (125), *3e état* sur hollande. — Embarcadère à Trouville (126), sur japon ; ens. 2 pièces, belles épreuves.

185 — La Fête Nationale au boulevard Clichy 127), collection des 3 premiers états de cette planche, sur hollande et sur japon, le *2e état* tiré *sans les croquis* (planche détruite).

186 — Un double de la même série, même condition, avec le *2e état* portant une longue dédicace à Burty. tirée sur papier ancien verdâtre, et le *3e signé*.

> Pour plus de commodité nous indiquerons les différences spécialisant chaque état en nous en tenant au seul couple **Derrière le fiacre.**
> 1er État : les vêtements sont blancs.
> 2e État : les vêtements sont ombrés, les visages restent blancs.
> 3e État : Les visages sont dessinés.

187 — L'Hiver à Paris, ou la Neige à Paris 128. très belle épreuve *d'un état non décrit*.

> Cette épreuve, cependant complète dans les autres parties, ne comprend que 2 *chiens* : Le caniche qui suit la dame, et, sur le même plan, à droite, un chien noir qui paraît suivre le caniche et est **gras** dans cet état. alors que dans l'épreuve suivante il est devenu **étique.**

188 — L'Hiver à Paris, ou la Neige à Paris 128. très belle épreuve sur chine *d'un état non décrit.* semblable au 3e état, mais comprenant 5 *chiens.*

> Le chien qui paraît suivre le caniche est devenu maigre ; au 1er plan, il y a deux chiens, en face de celui qui dévore un os, dont un aboie après les balayeurs.

189 — L'Hiver à Paris, ou la Neige à Paris (128), très belle épreuve du *5e état* sur japon, timbrée. Cet état comprend *4 chiens*.

> La particularité de cet état consiste dans le remplacement du groupe de deux chiens de l'épreuve précédente par un seul placé plus près du trait inférieur et *au-dessous* et non plus *en face* de celui qui ronge un os.
> Nous avons tenu à décrire ces états très caractéristiques qui ont échappé à la sagacité, cependant si consciencieuse, du catalogueur.

190 — La Place Pigalle, très belle épreuve du *5e état* (129), sur hollande, timbrée.

191 — La même pièce, très belle épreuve du *même état*, tirée *sur papier essencé* et timbrée.

192 — Débarquement en Angleterre (130), très rare épreuve du *2e état*, sur vélin, *avec les croquis de marge*.

> L'épreuve porte une délimitation du sujet principal et des croquis, par un trait de crayon.

193 — La même pièce, très belle ép. d'essai, du *5e état*, sur hollande, timbrée. — Les marges 1 et 3 du Débarquement (131). 2 très belles ép. tirées sur les cuivres des marges séparés de la planche; l'une sur papier essencé; l'autre sur hollande et *timbrées*; ens. 3 p.

194 — Une Jetée en Angleterre (132), très belle ép. du *2e état*, tirée à 60 ép. timbrées et *signées* (planche détruite).

195 — Un double, même état sur japon, *timbrée*.

196 — La Traversée (143), très belle ép. du *2e état*, imprimée en deux tons, sur hollande. *Signée*.

> Avec cette mention de la main de l'artiste : « Essai tiré à sept épreuves ».

197 — La Dame aux cygnes (144), *3e état* et dernier, sur hollande, timbrée (pl. détruite). — L'Orage, *d'après Constable* (145), belle épreuve du *3e état* sur hol-

lande (pl. détruite). — Ex libris pour l'Ensorcelée
(116), 2ᵉ *état* sur hollande; ens. 3 p., belles épreuves.

198 — Le Peintre de marine (146), 2 très belles épreuves
des 1ᵉʳ et 2ᵉ *états* sur japon et sur hollande, la 2ᵉ *timbrée* (planche détruite).

199 — Les Voisins de campagne (148), très belle et fine
épreuve d'un *état non décrit*, marges blanches, tirée
sur japon blanc, *avec dédicace autographe, signée*.
A Monsieur Hédouin,
Félix Buhot.

200 — La même pièce, très belle ép. du 5ᵉ *état* sur hollande, avec tous les croquis de marges, *timbrée*.

201 — Les Petites Chaumières (149). *4ᵉ état, sur papier
essencé*. — Les Grandes Chaumières (150), ép. du
4ᵉ *état* sur japon; ens. 2 p., très belles ép. timbrées.

202 — Les Bergeries, Soleil couchant (151), ép. *sur papier
essencé*. — La Chapelle Saint-Michel à l'Estre (152),
4ᵉ *état*, sur hollande; ens. 2 p., très belles ép. *timbrées*
de ces deux planches détruites.

203 — La Petite Marine. — Souvenir de Medway (153),
5ᵉ *état*, sur hollande planche détruite.— Le Petit Enterrement (154), 2ᵉ *état*, sur hollande. — Environs de
Gravesend (157). 4ᵉ *état* (sur 5). sur hollande. Signé:
ens. 3 pièces, très belles ép., les deux premières *timbrées*.

204 — Matinée d'hiver sur les quais (158). 5ᵉ *état*, tirée
sur papier essencé et *timbrée* (planche détruite).

205 — Convoi funèbre au boulevard Clichy (159), très
belle épreuve du 3ᵉ *état*, sur japon. Signée. *tirée en
couleurs* **à la poupée**.

> Quoique gravée sur un cuivre percé de quatre trous de repérage, l'épreuve n'a été tirée que sur *un seul cuivre* et non
> sur deux, puisque l'épreuve *n'est pas percée*; c'est donc une
> erreur du Catalogue de l'indiquer à repérage.

206 — Les Esprits des villes mortes (160), superbe ép.
tirée avec fausses marges formant encadrement et
montage. *Timbrée* et *signée*, sur japon pour le sujet
principal et sur vélin pour le montage.
Très rare.

207 — La même pièce, très belle ép. sur hollande. *Timbrée*.

208 — Le Hibou (161), très belle ép. du *3° état* (tiré à 8
épreuves en deux tons sur hollande. *Signée* (planche
détruite).

209 — La Place des Martyrs et la Taverne du Bagne
(163), très belle ép. du *1er état* (tiré à 20 ép.), sur papier
essencé. *Signée*.

210 — La même pièce, très belle ép. du *3e état*, sur hollande.

211 — Un double, même état et papier.

212 — La même pièce, très belle épreuve d'un tirage **non
décrit**, *en bistre transparent et en rouge*, sur hollande. *Timbrée*.

213 — La Falaise. — Baie de Saint-Malo (165), très belle
épreuve du *5e état*, *avec les fausses marges*. sur hollande tirée en deux ou trois tons, et *timbrée*.

214 — La même pièce, très belle ép. du même état, sur
vélin, *timbrée*, mais sans les marges.

215 — Baptême japonais (167), 2 ép. du *2e état*, sur japon
timbrées, une *signée*. — Le Château des hiboux (168),
planche d'ensemble avec l'Ex libris Lerey 51, très belle
ép. du *3e état*, sur papier ancien. *Timbrée* et *signée*.—
L'Eglise de Jobourg (170), très belle ép. du *1er état*,
tiré à 12 ép. *Signée ; ens. 3 p.

216 — Frontispice pour les Salles d'estampes (171), 2 ép.
du même état timbrées ou signées (planche détruite).

—Frontispice pour les Zigzags d'un curieux, d'Octave Uzanne (172), très belle ép. du *2e état, avec les croquis* sur japon ; ens. 3 p.

217 — La Tiare (173), très belle ép. d'artiste. *Signée* du *3e état*, sur vieux papier vélin.

218 — The embankment Westminster, *lithographie* (183), belle ép. sur vélin.

> Nous ajoutons une eau-forte de H. Somm, d'ap. Buhot, Trouville, sur hollande ; ens. 2 p.

219 — **Burney** (Eug. Portraits : André Theuriet, *d'après Bastien Lepage* B. 17 . *1er état. Signée.* — Ludovic Halévy. — Monseigneur Caverot, sur chine : — Le Père Jouin, sur japon, avec remarque dessinée par l'artiste ; ens. 4 pièces, très belles ép. *Signées.*

220 — M. Henri Béraldi, très belle ép. d'artiste, sur japon, marges, in-fol.

221 — Portrait de Ferdinand Gaillard, son maître, sup. ép. du 1er état, sur japon.

222 — La Vierge et l'Enfant Jésus (B. *non décrit*), d'après un bas-relief du xvie siècle, très belle épreuve d'artiste sur chine. *Signée.*

223 — **Burty**. Gorille jouant avec son petit, d'après *un ivoire japonais* (B. 10), très belle ép. sur japon. Signée et datée 75.

224 — **Butin** (Ulysse). — L'Attente à Villerville, eau-forte, superbe ép. d'artiste, sur japon.

225 — Enfants jouant sur un brise-lame, eau-forte, très belle ép. d'état, sur japon. — La Veuve et les Enfants du marin, très belle ép. d'artiste, sur japon ; ens. 2 pièces.

226 — **Caillebotte**. Son Portrait par lui-même, eau-forte, très belle ép. du 1er état, sur hollande. Signée.

— 2 Rameurs, très belle ép. du 1ᵉʳ *état*, sur hollande ; ens. 2 pièces.

227 — **Calamatta**. Le comte Molé, *d'après Ingres* (B.32), très belle ép. avant la lettre sur chine. — George Sand, très belle ép. du 2ᵉ *état* ; ens. 2 pièces.

228 — **Calame**. Lithographies diverses. 3 pièces, très belles ép. 2 sans marges. — **Chauvet** (J.-A.). Frontispices pour le Poète. 5 pièces, très belles ép.; ens. 8 pièces.

229 — **La Caricature, Journal**, lithographies en noir ou en couleurs ; 81 pièces par *Grandville, Philippon, Traviès*. etc., y compris une couverture de la 2ᵉ année, tome IV, très fraîche.

230 — **Carpeaux** D'après . Six études de têtes faunesques, eau-forte, par Foucart et Carpeaux, 1860 ; très belle ép. d'artiste sur japon. — **Carolus-Duran**. Croquis à la campagne, eau-forte ; très belle ép. avant la lettre sur hollande.

CARRIÈRE (Eug.)

231 — Portrait d'Alphonse Daudet ; très belle épreuve sur hollande. *Signée.*

232 — Portrait d'Edmond de Goncourt. Superbe ép. sur japon. Signée et numérotée.

233 — Portrait de Puvis de Chavannes ; très belle ép. sur hollande. *Signée.*

234 — Portrait d'Henri Rochefort ; très belle ép. sur hollande. *Signée* et numérotée.

235 — **Portrait de Verlaine**. Superbe ép. sur japon tirée en bistre. *Signée* et numérotée.

236 — Tête de femme le menton dans la main droite, gr. in-8° ; très belle ép. sur chine.

237 — Portrait de Mme Carrière. In-8° ; très belle ép. sur chine volant.

>Rare.

238 — **Casanova** A.. L'Antichambre. — Le Mariage d'un prince. — Le Siffleur de linote. — Le Sourd. — Andalouses.— Deux Moines et une Andalouse ; ens. 6 pièces, très belles ép. d'artiste.

239 — **Cassatt** Miss Mary. La Mère de l'artiste. — Jeune fille tricotant assise sur un banc. — Bébé nu, debout, les cheveux bouclés. In-fol. en haut tirée à 3 ép. ; ens. 3 pièces, belles ép. Une *signée*.

240 — Mère et son bébé dans ses bras, avec une autre femme vue de dos, pointe sèche ; très belle ép. d'artiste sur japon. *Signée*. — Enfant assis sur un lit ; vernis mou, très belle ép. d'artiste, sur japon. *Signée* ; ens. 2 pièces.

241 — La Leçon de Banjo (sorte de guitare), 2 ép. dont une de 1er état. *Signée*, très belles ép.

242 — Jeune Femme assise de face regardant à droite, sur japon. *Signée*. — Jeune Mère avec bébé nu ; ens. 2 pointes sèches, très belles épreuves.

243 — La Servante et l'enfant. — Bébé repose ; ens. 2 pièces, très belles ép. sur pap. ancien. *Signées*.

244 — Les Marionnettes, eau-forte en couleurs, très belle ép. sur papier ancien. *Signée*.

245 — La même pièce, très belle ép. Sans marges.

246 — Tête de Femme et d'Enfant. La Caresse du bébé ; ens. 2 pointes sèches, très belles épreuves. *Signées*.

247 — Jeune Garçon donnant un morceau de sucre à un chien, pointe sèche, très belle ép. sur Hollande.

248 — Jeune Mère avec son enfant dans un jardin, eau-forte en coul., très belle ép. sur papier ancien. *Signée*.

CHAHINE (Edgar)

249 — Croquis de Chiffonnier. — Un Gueux. — Pl. de croquis, Femmes et Fillettes (n° 7/40); ens. 3 pièces, belles ép. *Signées*.

250 — Gigolettes. — Dormeurs sur un banc, en coul.; ens. 2 pièces. très belles ép. *Signées*.

251 — Les Lutteurs; une prise (n° 12/30), très belle ép. *imprimée en coul. Signée*.

252 — La Place Clichy, pointe sèche, très belle ép. *Signée*.

253 — La Soupe le Vendredi, très belle épreuve. *Signée*. — Le Bar Américain n° 21/40 très belle ép. *Signée*; ens. 2 p.

254 — La Sainte Chapelle. — Etude de Gueux. planche de croquis. ens. 2 pièces. très belles ép. *Signées*.

255 — Les Boueux (n° 9/40). très belles ép. *Signée*. — Au Casino. pointe sèche. très belle ép. *Signée*; ens. 2 p.

256 — La Terrasse, très belle ép. *avant la signature*, tirée à 10 (n° 3). *Signée*.

257 — Portrait d'Anatole France, très belle ép. *Signée*.

258 — Portrait de Cornély, très belle ép. *Signée*.

259 — Le Trottoir. très belle ép., tirée en coul. *Signée*.
Rare.
Cette pièce n'a été tirée qu'à quelques épreuves seulement.

260 — **Chaigneau** (J.) La Rentrée du troupeau (B. non *décrite*), épreuve de remarque, sur japon. Signée.

261 — **Cham**. Lithographies extraites du *Charivari*. — caricatures politiques des années 1848 et 1849. 66 p. — Almanach pour rire, affiche 1863; ens. 67 p.

262 — **Champollion** E.. Vignettes, *d'après Bastien-Lepage* pour le *Docteur Herbeau*. — Illustrations pour les *Châtiments* édition Nationale . 2 ép. *d'états différents*. — Rêverie, *d'après Chaplin*: ens. 4 pièces, très belles ép. d'artiste.

263 — **Chaplin** Ch.. Son portrait B. 1 . — Daubigny B. 3 , ép. *avant la coupure du cuivre*. — Les Pâtres Espagnols. *l'après Leleux* B. 48 . — Tête de Baigneuse sur japon ; ens. 4 p., très belles ép. d'artiste.

264 — Le Troupeau de porc B. 61 . litho. originale. — Les Premières Roses. litho. coloriée. par Célestin Nanteuil. *d'après Chaplin*. — Cynthie. lithographie, *d'après Chaplin*. par Tanty, 2 ép.. dont une avant la lettre ; ens. 4 p.

265 — **Charlet**. Griffonnements. pièces diverses non terminées, 24 pièces. très belles épreuves.

> Lacombe nᵒˢ 374, 375 (2 ép.) 377, 380, 384, 385, 390, 392, 393, 394, 395, 398, 399, 401, 406, 407, 408, 413, 423, 460, 646, 653, 698.)

266 — Infanterie légère française. Carabinier 204 . — Voltigeur L. 205 ; ens. 2 pièces. belles ép.

267 — L'Empereur, habit de grenadier ; tenue des grandes solennités militaires. très belle ép. sur chine.

268 — L'intrépide Lefèvre 102 . — L'Allocution. 28 Juillet 1830 333 . — Au commandement de Halte... 36 . — Papa Dada. 295 . — Leçon de peinture. — Feuille de croquis: ens. 6 p.. très belles épreuves.

269 — Son portrait par *Julien*. — Vous croisez la baïonnette sur les vieux amis ! 258 . — Ecole du Balayeur 279 . — 11 pièces extraites de divers albums ; ens. 14 pièces. belles épreuves.

270 — Le Garde-Chasse. eau-forte. sur chine. — Le Braconnier et le garde-chasse. eau-forte en coul.. *d'après*

Charlet ? — Portrait de Béranger, gravure sur bois de Lacoste. — Costume militaire, époque de 1893, eau-forte de *Blaisot*; ens. 4 p.

271 — **Charlet et Jaime.** Scènes des Mémorables Journées des 27, 28, 29 Juillet 1830, par MM. Charlet et Jaime. *A Paris, chez Gihaut frères.* Album in-folio, très belles épreuves sur chine, avec table et couverture imprimée.

Belle condition, très rare.

272 — **Charpentier** (A.). En Hollande : Laitière en bateau, lithographie en couleurs gaufrée, très belle ép. *Signée*, numérotée et timbrée par le Cercle de la Librairie.

Belle et importante composition.

273 — **Chassériau** (Th.). Vénus Anadyomène (25), 2 ép. très belles, sur chine; Apollon et Daphné (26), 3 litho. sur chine. — Arabe montant en selle, vernis mou (29), très belle épr. avant toute lettre; ens. 4 pièces.

274 — **Chatinière, Delarue, Madou.** Titre de musique : Chicard et Jeune Mère accroupie avec son enfant, par *Chatinière*. — 6 litho., par *Delarue*, dont 4 coloriées. — Le Palais du Roi à Bruxelles, par *Madou* ?, coloriée; ens. 8 pièces, belles épreuves.

275 — **Chauvel** (Th.). Au Jean de Paris (B. 27).—Après la pluie, à Vaujours (B. 34). — Soleil couchant (B. 45). — Le Bateau de pêche, **d'après Troyon** (B. 59). — Gorges d'Apremont (B. 68.); ens. 5 pièces, belles épr., 2 avant la lettre.

276 — L'Orage (B. 90, *d'après Diaz*, épreuve d'artiste sur japon. Signée des initiales.

277 — La Saulaie, d'après Corot (B. 91.), très belle épreuve d'artiste, sur japon. Signée.

278 — Le Nid de l'Aigle, *d'après Théodore Rousseau*
(B. 92), superbe épreuve d'artiste, sur japon. *Signée*
des initiales.

279 — Embouchure de la Toucques, *d'après Bonington*
(B. 108.), sup. épr. d'artiste sur chine, *avec dédicace*
signée à Jules Jacquemart.

280 — L'Orage, *d'après N. Diaz* (B. 104. , sup. ép. avant
toute lettre, sur double papier de chine.

281 — Le Chemin creux, *d'après Bonington* (B. 101),
très belle épr. avant toute lettre, sur chine.

282 — **Chenay.** John Brown pendu, *d'après Victor*
Hugo, très belle épreuve, sur chine.

> Très rare.

283 — **Chéret** (J.). Affiches illustrées de petit format :
Tertulia : Paul Legrand et Macé-Montrouge (B. 359 .
— Athénée-Comique : Il Signor Pulcinella (B. 470 .
— Élysée-Montmartre, 1891 (B. *non décrite* . — Pas-
tilles Géraudel (B. *non décrite* : Femme au boa de
plume, 2 épreuves, dont une en sanguine; ens. 5 p.,
4 en couleur.

> Les 2 premières affiches sont *anciennes* et *rares*.

284 — Couvertures de Livres ou de publications diverses; ens. 32 pièces en noir, bistre. sanguine ou en
couleurs. plusieurs en *épreuves d'essai* avant lettre.

> Très belle réunion, comprenant les plus jolies composi-
> tions de l'artiste (plusieurs sont en double). A citer : Affi-
> ches illustrées, J. Chéret. — L'Amant des Danseuses et les
> Étoiles. — La Gomme (avant toutes lettres). — Graine
> d'horizontales. — Louvre et Mois théâtral.
> 2 grav. sur bois de Leveillé p. son Catalogue.

285 — Reproductions, par Chéret, de ses meilleures
affiches pour *les Affiches illustrées* de Maindron.
1er vol.; ens. 14 pièces, dont plusieurs en *épreuves*

d'essai en noir, sur blanc ou chine (on y ajoute le frontispice pour Lulu (B. 707).

> Pan (656). — Rabelais (649), — Faust (662). — Skating-Théâtre (650). — Hippodrome (651). — Horloge (654). — XIX⁰ siècle (655). — Folies-Bergère (657), *2 états.* — Petit-Saint-Thomas (666), *2 états.*

286 — La Saxoléine : 2 Affiches différentes (abat-jour jaune et abat-jour rouge). — La Tzigane. — Les Premières Armes de Louis XV. — Mam'zelle Gavroche. — Les Deux Pigeons. — La Farandole. — Viviane ; ens. 8 pièces, très belles épreuves.

> Ces affiches de théâtre constituent des pièces maîtresses de l'œuvre de Chéret.

287 — Titres de Morceaux de musique, Menus, etc., 8 pièces en noir, bistre, sanguine ou en couleurs ; la plupart en *épreuves d'essai.*

> Le Courrier des Amours (B. 542), — Polonia (B. 535). — Espana, en hauteur, 2 ép., dont une en sanguine (B. 537). Espana, en largeur (2ᵉ pierre) (B. 536 *bis*). — Menu du Casino de Nice (B. non décrite). — Théâtre-Libre, décembre 1900 (B. non décrite), plus 1ʳᵉ page du *Paris illustré* avec une reprod. de Chéret.

288 — **Choubrac**. Germinal, par Émile Zola. — Folies-Bergère, Un Déjeuner sur l'herbe. — Le Secret du Fou. — Un Pape femelle. — Les Mystères des séminaires. — Les Maîtresses du Pape. (État sans barbe, très rare). — Les Amours secrètes de Napoléon III. — Taverne de l'Enfer ; ens. 8 pièces.

289 — **Clairin** (G.). Étude d'Homme, eau-forte, belle épr. d'artiste. — **Colin**. Scène de Bataille, d'après *H. Vernet.*

290 — **Coleman** (W.). Les Fleurs. — L'Éventail, 2 études de jeunes filles nues, coiffées à l'antique, formant pendants, belles épr. d'artiste sur chine. — Joueuse de flûte, pointe sèche, très belle épr. d'artiste sur japon ; ens. 3 p.

291 — **Cormenin**. Suite de Portraits pour le *Livre des orateurs*, par Timon ; 26 pièces (sur 27), très belles épreuves d'artiste, sur chine.

Manque le portrait de Guizot.

292 — **Corot** (Camille). Eaux-fortes originales : Bateau sous les saules (B. 2). — Etang de Ville-d'Avray (B. 3), très belle ép. du 2e *état* avec envoi de Michelin ; ens. 2 pièces, belles ép.

293 — Souvenir d'Italie (B. 5), très belle ép. du 1e *état* sur Hollande. — Paysage d'Italie (B. 7), très belle ép. sur japon ; tirée *sans lettre*. — Campagne boisée (B.8), très belle ép. du 2e *état*, sur chine ; ens. 3 pièces.

294 — Vénus coupe les ailes de l'Amour (B 11), très belle ép. d'artiste sur japon.

295 — **Corot, Millet** (J.F.) D'après. — Paysage, photolithographie ; Paysage, eau-forte de R. P. Huet, ép. d'artiste signée : Autre paysage non signé. 3 p. d'après Corot. — Portrait de Millet par Alasonière, Fac-similé de dessin de Millet. 3 pièces ; ens. 7 pièces.

296 — **Courbet** (G.). L'Apôtre Jean Journet, lithog. in-fo en hauteur, très belle ép. sur chine, avec la complainte. — Mort de Proudhon, reprod. par Carjat d'un dessin de *Courbet*.

297 — **Courboin** (F.). Notre-Dame, effet de lune, aquatinte sur hollande. Signée. — Portrait de Joséphin Péladan, sur japon, avec remarque ; ens. 2 pièces, très belles ép.

298 — **Courtry** (Ch.). Le Maréchal-Ferrant en Bretagne, *d'après Leleux* (B. 1), 2 ép. d'état et 1 ép. terminée avant toute lettre, sur chine, dont 2 signées. — Un Marché d'esclaves, *d'après Gérôme* (B.8). — Les Gla-

neuses *d'après Millet* (B 23) : ens. 5 pièces très belles épreuves.

299 — Les Amateurs de gravure, d'après Meissonier (B. 36), très belle ép. de remarque sur parchemin. *Signée.*

300 — Milton dictant le Paradis Perdu à ses filles, *d'après Munkacsy* B. 30), très belle ép. du 1er état sur hollande, Signée. — L'Étoile du Berger, *d'après Hermann-Léon*, belle ép. sur hollande ; ens. 2 p.

301 — Le Cavalier altéré. — Contribution de guerre chez un ami (B. 43 et 44). 2 pièces *d'après Menzel*, très belles ép. de remarque. *Signées.*

302 — Mme Dubarry, *d'après Drouais* (B. 57). — La Sortie du bois, *d'après Troyon* (B. 66). — Lion marchant, *d'après Barye* (B. 68). — L'Éclair, *d'après un dessin de Victor Hugo* (B. 302), très belles ép. d'artiste, trois *signées.*

303 — Le docteur Broca (B. 391). — Israëls peintre, *d'après lui-même* (B. 392 ; ens. 2 pièces, très belles ép. d'artiste, une avec dédicace. *Signée.* — La Retraite de Russie B. *non décrit*, très belle ép. d'artiste sur japon. — Femme au bain, *d'après Rembrandt* ; ens. 5 pièces.

304 — Le Chercheur de truffes, *d'après Vayson.* — La Femme à la collerette, *d'après Franz Hals*, ép. d'artiste avec remarque. — Une Orgie, eau-forte originale ; ens. 3 pièces, très belles ép. d'artiste. *Signées*, une avec dédicace.

305 — Buste de Jeune Femme coiffée d'un chapeau à plumes et d'une guirlande de fleurs ; au fond, arcade d'un palais ; grande pointe sèche in-fol. en hauteur, très belle ép. d'artiste sur hollande. *Signée.*

306 — **Coutil** (Léon). Tentation de Saint-Antoine, *d'après
A. Morot* (B. 2). — La Fin de la journée, *d'après
Millet* (B. 4) ; ens. 2 pièces, très belles ép. d'artiste.

307 — **Damman** (B. La Femme au puits, *d'après J. F.
Millet*, eau-forte (B. *non décrit*), épreuve du 2e *état*,
avant la lettre, ur japon, avec les mots : *In progress...*,
au crayon.

308 — Portrait de Carrier-Belleuse, *d'après* Cormon
(B. 13), très belle ép. d'artiste sur parchemin.

309 — **Darbour**. G. La Dame en bleu, eau-forte originale en couleurs ; ép. sur hollande. *Signée*. — Le
Déjeuner, pointe sèche imprimée en couleurs, signée
et numérotée 4/28 ; ens. 2 p.

DAUBIGNY (Ch.)

310 — Les Petits Cavaliers (Henriet 42), sur papier ancien
verdâtre. — Eaux-fortes par Daubigny (B. 60), titre,
3 ép. dont une avec dédicace. Signée ; ens. 4 pièces.

311 — Le Lever du Soleil (61), très belle ép. du 2e état
définitif sans aucun nom d'imprimeur, sur chine. —
Les Chevaux de halage (62), très belle ép. du 2e *état*
avant toutes lettres. — Les Bords du Cousin (63),
3e état. — Les Petits Oiseaux (65), 2e état. — L'Automne (66), 2 état ; ens. 5 pièces sur chine, *avant le
tirage de Beillet.*

312 — L'Automne (H. 66), 4e état. — Le Satyre (67), sur
chine. — Le Bac (68). — La Pêcherie (69) ; ens. 4 pièces, très belles ép. sur chine dont 3 avant la lettre.

313 — Les Charrettes de roulage (B. 70). — Les Ruines
du Château de Crémieux (71). — Cerfs au bord de
l'eau (72). — Le Bac de Bezons (74), 2e *état en encre
bistrée.* — Les Cerfs sous bois (75), ép. de 1er tirage *en
encre bistrée* ; ens. 5 pièces, superbes ép. sur chine
avant l'adresse de l'imprimeur.

314 — Les Vaches aux Marais (76). — Le Marais aux Cigognes (77). — L'Ondée (78), 2 ép. dont une de 1er *état*, eau-forte pure ; ens. 4 pièces, très belles ép., 2 sur chine.

315 — La Plage de Villerville (H. 80). — Le Printemps (H. 81), 2 ép. ; ens. 3 belles ép., la première avant la lettre.

316 — Le Guet du Chien (H. 82), 1er état, planche coupée. — Le Chant du Coq (83), 3e état ; ens. 2 pièces, très belles épreuves sur chine.

317 — Cochon dans un Verger (87), sur chine. — Le Voyage en bateau (97). — Le Pré des Graves (114). —Pommiers à Auvers (116).—Paysage, par *Karl Daubigny* ; ens. 6 pièces, très belles ép. d'artiste avant la lettre.

DAUMIER (H.)

318 — Son portrait, lithographié par *Letoula*, très belle ép. sur chine. — Autre portrait, eau-forte, par *Alasonière* ; ens. 2 p.

319 — Les Baigneuses, litho. in-4° en larg. Signée. (N° de pierre 1155) entourée d'un trait carré ; sup. ép. **d'essai** avant toute lettre.

> Deux femmes, en costume de bain ruisselant d'eau, dont l'une traine un enfant qui crie.

320 — Les Banqueteurs : *Il fait les délices du bal*, litho. in-4° en haut., non signée (n° de pierre 1342).

> Très rare épreuve **d'essai** avant toute lettre et avec les légendes manuscrites.

321 — Le Bonnet-d'Ane, litho. in-4° en largeur, non signée (n° de pierre 833), superbe épreuve **d'essai** avant toute lettre.

> Un écolier coiffé du bonnet d'âne, à genoux devant le pupitre du professeur, tient ouvert sur son dos un livre dans lequel lit son camarade, récitant sa leçon.

322 — Le Bousingot recruteur, *caricature du Figaro*,
n° 6 ; litho. in-4° en hauteur (3 buveurs dont un
debout autour d'une table). *Lith. de Bénard, rue de
l'Abbaye, n° 4.*

> Très belle épreuve coloriée de cette lithographie, très rare,
> *attribuée* à Daumier.

323 — Un Chapeau neuf, litho. in-4° en haut. Signé
(n° de pierre 730).

> Très belle épreuve **d'essai** avant toute lettre avec cette
> légende manuscrite : *Monsieur a parfaitement raison d'adop-
> ter le chapeau à la mode... ça le coiffe à le ravir !*

324 — Croquis d'expressions, 18 pièces, très belles épreuves *coloriées*.

> N° 1, 2 (2 ép. de coloris différent), 4, 5, 8, 12, 13, 14, 15,
> 16, 17, 18, 21, 24, 26, 27, 31.

325 — Croquis Parisiens : au théâtre. — Un quatrième
acte saisissant, in-4° en haut. Signée, double trait
carré.

> Très rare épreuve **d'essai** avant toute lettre, avec les lé-
> gendes manuscrites.

326 — Le Gamin de Paris aux Tuileries, très belle épreuve
de tirage à part.

327 — L'Ivrogne, lithographie en hauteur. Signée H. D.
(Du *Charivari*, 3 mars 1834).

> Très belle épreuve, avec texte au verso de cette pièce, un
> des chefs-d'œuvre de Daumier.

328 — Lithographies de diverses suites ; ens. 6 pièces,
belles épreuves en ancien coloris.

> *La Caricature*, journal : Les Plaisirs de la pêche. — Cari-
> caturana, n° 40. — Mon Dieu ! Monseigneur... — Mœurs con-
> jugales, n° 4, 7, 15. — Types Parisiens, n° 23.

329 — Lithographies de diverses suites, 18 pièces, belles
épreuves de tirage à part.

> Actualités, n° 98. — Album théâtral, n° 7. — Les Bai-
> gneurs n° 11 et 17. — Les Canotiers parisiens, n° 19. —
> Caricaturana : *A tous les cœurs bien nés que la patrie est*

chère! — Le Cranioscope. — Phrénologistocope. — Émotions parisiennes, n°˙ 13 et 40. — Histoire ancienne, n°˙ 24 et 29. — Locataires et Propriétaires, n° 25. — Physionomie de l'Assemblée, n° 7. — Le Public du Salon, n°˙ 2, 4 et 10. — Tout ce qu'on voudra, n°˙ 35 et 39.

330 — Lithographies extraites du *Charivari* : Actualités, Baigneurs, Canotiers, Tout ce qu'on voudra, séries politiques, etc., etc. ; ens. 318 pièces, dont 12 doublées et coloriées en 5 portefeuilles.

331 — Louis-Philippe, dernier roi des Français, projet d'une médaille à frapper à l'Hôtel national des Monnaies ; litho. non signée (n° de pierre 1258) ; très belle épreuve sur blanc. — Patience, on va vous construire une salle, litho. à la plume (1834). — C' philistin de Raguse qui dit qu' y a dans Paris plus de balais que de fusils. — Eh oui, c'est pour ça qu'on le balayera, nom de D...! litho col. (*lith. de Fonrouge*) en haut, non signé ; ens. 3 pièces *attribuées à Daumier*.

332 — Musée pour rire, 3 pièces. — Musée de la Caricature ?, 34 pièces ; ens. 37 pièces, belles ép. de tirage à part. (*d'après Daumier.*)

333 — Premières compositions, gravures sur bois ou lithographies à la plume extraites du *Charivari*, années 1834 et 1835. — Portraits-charge, par *Benjamin* et *Carjat* ; ens. 18 pièces, très belles ép. provenant presque toutes des collections Burty et Champfleury.

334 — **Daumier.** Recueil factice de 667 caricatures de diverses séries, réunies en 5 vol. in-4°, demi-reliure chagr. vert, dos orné.

> Importante collection *en épreuves de tirage à part,* comprenant : Revue caricaturale, 5 pl. — Types parisiens, 15 pl. — Bohémiens de Paris, 8 pl. — Silhouettes, 3 pl. — Coquetteries, 4 pl. — La Comédie humaine, 4 pl. — Les Chemins de fer, 11 pl. — Mœurs conjugales, 25 pl. — Les Musiciens de Paris, 3 pl. (2, 3, 5). — Croquis d'expression, 6 pl. — Les Parisiens, 2 pl. (2, 3). — Proverbes de famille,

2 pl., *suite complète*. — Proverbes et maximes, 2 pl. (5, 6).
— La Pêche, 2 pl. (1, 7). — La Chasse. 8 pl. — Les Beaux
jours de la vie, 67 pl. (*dont 4 piqu. d'hum.*). — Monomanes,
5 pl. (1, 4, 5, 7, 8,. — Scènes parlementaires, 1 pl. (3). —
Voyage en Chine, 21 pl. — Scènes grotesques, 1 pl. (3). —
Vulgarités, 1 pl. (2). — Sentiments et passions, 1 pl. (2). —
Caricatures du jour, 5 pl. — Les Plaisirs des Champs-Elysées,
3 pl., *suite complète*. — Chapitre des interprétations, 9 pl.
(1 à 4, 6 à 10). — Robert-Macaire, 2ᵉ série, 11 pl. (1 à 5,
8, 13, 17). — Robert-Macaire (de la Caricature), 4 pl. —
Les Baigneurs, 16 pl. — Les Canotiers parisiens, 12 pl. —
Histoire ancienne, 42 pl. — Emotions parisiennes, 11 pl. —
Actualités, 17 pl.; les Bas-Bleus, 34 pl. — Physionomies
tragico-classiques, 13 pl. (1 *mouillée*). — Les Cinq sens,
3 pl. (3, 4, 5). — Les Bons bourgeois, 51 pl. — Pastorales,
39 pl (6 *piq. d'humidité*). — Alarmistes et alarmés, 4 pl.
(1 à 4). — Les Carottes, 2 pl. (1, 3). — Les Papas, 9 pl. —
Tout ce qu'on voudra, 21 pl. — Paris l'hiver, 4 pl. (1 à 4).
— Profils contemporains, 2 pl. (3, 4. — Les Amis, 3 pl
(7, 8, 9). — Les Philantropes du jour, 21 pl. — Les Étran-
gers à Paris, 20 pl., *série complète*. — Professeurs et moutards, 32 pl., *série complète*. — Locataires et propriétaires,
19 pl. — Les Gens de justice, 25 pl., dont 2 piquées. —
L'Imagination, 3 pl. (1 à 3). — Diverses, 35 pl.

335 — Les Représentants représentés : *Assemblée légis-
lative* : 14 pièces très belle. ép. de tirage à part.

Nᵒˢ 3, 10, 14, 15, 16, 17, 18, 20, 21, 22, 24, 32. 35, 37.

336 — Robert-Macaire, chef d'orchestre ; lithographie
in-4º en haut, non signée, entourée d'un double trait
carré.

Très rare *épreuve* **d'essai** avant la lettre ; mouillure et
réparation.
Macaire met le feu à un canon, tandis que Bertrand, age-
nouillé tape sur un chaudron. Autour, musiciens divers faisant rage.

337 — Y a encore de l'ouvrage par là ! (groupe de balayeurs
désignant la Chambre des députés). lithographie in-4º
en largeur ; *à gauche*, litho de V. Ratier ; à Paris,
chez l'éditeur, rue du Coq, nº 4 ; *à droite*, et Haute-
cœur-Martinet, même rue.

Très belle épreuve coloriée de cette lithographie fort rare,
non signée.

338 — M. Vieux-Niais (Viennet). Superbe ép. d'essai *avant toute lettre.*

339 — Ganneron ?, superbe ép. d'essai de cette lithographie **inédite.**

Inconnue à Loys Delteil, et probablement **unique.**

340 — Ratapoil donnant à boire à un lutteur assis ; au bas, le portefeuille de l'intérieur ; superbe ép. d'essai *avant toute lettre.*

341 — La Majorité essayant sa force sur une tête avec bascule à cadran, devant Ratapoil ; superbe ép. d'essai *avant toute lettre,*

342 — La Neige (caricature provisoire, 6 janvier 1839) ; superbe ép. d'essai *avant toute lettre.*

343 — Ici, on se désabonne au *Constitutionnel,* gravure sur bois, très belle ép. *d'essai* (a été pliée).

344 — Pastorales, pl. 11 : Une charge déplacée ; superbe ép. *d'essai* avant toute lettre.

345 — Histoire ancienne : planches nos 15, 16, 21, 23, 25, 28, 30, 34, 45, 49 ; ens. 10 pièces superbes et très rares ép. *d'essai avant toutes lettres.*

346 — Les Gens de justice : no 36, grand escalier du Palais de Justice, vue de face ; superbe et très rare ép. *d'essai avant toutes lettres,* avec la légende à l'encre.

347 — Les Représentants représentés, no 1, Isambert, le Nègre blanc ; superbe et rare ép. *d'essai avant toute lettre.*

348 — Jacquinet God, 2 ép. de différents états : l'une, de tirage à part avec le nom ; l'autre, avec texte au verso et sans le nom.

349 — Pièces publiées dans le *Charivari,* premières années, belles ép. avec texte au verso ; ens. 28 pièces.

La Famille d'Arg... pendant l'orage.—Trois principicules.— L'abbé Loup. — Crédeville. —Montaugibet. — Oumann. —

Soul... — La Royauté baisse... — C'est usé, ça ne vaut pas deux sous. — La France représentée constitutionnellement. — Nous appelons ça une badine... — Les réjouissances de Juillet..., etc.

350 — Les Représentants représentés n° 5 : Crémieux. *superbe ép. d'essai avant toutes lettres.*

351 — Sarrans jeune (n° 3 , très belle ép. *d'essai, avant toute lettre* avec légende manuscrite a été pliée).

352 — Volovski (n° 29 , superbe ép. *d'essai avant toutes lettres.*

353 — Le Ventre législatif, superbe ép. sur blanc, provenant des collections E. Le Roux et Ph. Burty.

354 — La même pièce, très belle épreuve sur blanc (*très fine*).

355 — Ne vous y frottez pas très belle ép. sur blanc (a été pliée).

356 — La même pièce, superbe ép. sur chine, provenant de la collection Burty.

357 — Rue Transnonain, le 15 avril 1834, belle ép. tachée et réparée).

358 — La même pièce, superbe épreuve sur blanc.

359 — La même pièce, magnifique épreuve tirée sur chine. (Collection Burty.)

360 — Très hauts et très puissants moutards et moutardes légitimes, bonne épreuve sur blanc.

361 — La même pièce, très belle épreuve tirée sur chine. (Collection Burty.)

362 — Enfoncé Lafayette !... attrappe, mon vieux, très belle ép. sur blanc.

363 — La même pièce, très belle épreuve sur chine.

364 — La même pièce, très belle ép. sur chine. (Collection Burty).

365 — L'Imagination, lithographie par Ramelet, planches 1 à 6, très belles ép. sur chine. — Chimère de l'Imagination (n° 244 de la Caricature). — Mœurs conjugales (n° 59) ; ens. 8 p. en tirage à part.

367 — Les Tables tournantes. — Le Lunch au bal, 2 p. pour titres de musique, très belles ép. avant toute lettre sur chine.

368 — Loterie royale. — L'Épicier qui n'était pas bête... ép. coloriée. — Passe ton chemin, cochon ! — Il a raison l'moutard...; ens. 4 p., très belles ép. de tirage à part.

369 — Souvenir de Sainte-Pélagie (grande planche), très belle ép. sur chine (Coll. Burty). — Le même sujet, petite planche, très belle épreuve de tirage à part sur blanc (Collection Champfleury) ; ens. 2 pièces.

370 — Un Nouveau nez, superbe épreuve de tirage à part, sur chine.

371 — Regrets, Souvenirs, 2 p., une pliée. — Bergeron et Benoit. — Le Patrouillotisme chassant le patriotisme du Palais-Royal. — Va donc te coucher, Figaro, tu sens la fièvre, très belle ép. sur chine (Coll. Champfleury) ; ens. 5 pièces.

372 — Pièces publiées dans le *Boulevard* ; ens. 5 litho, belles épreuves de tirage à part sur chine.
Le Croque-Mort. — Madeleine-Bastille. — Nadar. — Le Dimanche au Jardin des Plantes. — A Travers les Ateliers.

373 — **La Caricature**, portraits chargés en épreuves de tirage à part : D'arg.. 2 ép. dont une sur chine. — M. D'argo. — M. Arlépaire, M. Bail (2 épreuves). — M. Barthe ; ens. 7 p. très belles ép.

374 — Bataille, Chevandi, de l'or, Dup. M. Fruch., Père-Scie, Pot-de-Naz ; ens. 7 p. très belles ép. de tirage à part, 2 sur chine.

375 — M. Choiseul dit le duc, M. Cunin Grid...,
M. Benjamin Dudessert, Mathieu Dumas, M. Etien...,
M. Fulchir, Gazan ; ens. 7 p., très belles ép.

376 — Gros cupide, va ! M. Guiz..., M. Joliv..., M. Ké-
ratr..., M. Odieux, M. Pot de Naz ; ens. 6 p., belles
épreuves.

377 — M. Prune, M. de Rign..., M. Royer. Coll...,
M. Sébast... M. Vieux-Niais. ens. 5 p., très belles ép.

378 — Juges des accusés d'avril, M. Barbé-Marbois,
Portalis, Bassano, Monlosier. — de Sémonville, Robert Macaire, Rœderer. — Girod de l'Ain, Rousseaux,
l'amiral Verhuel. — Lascours. — Roederer. — Si-
méon ; ens. 13 port. en 7 feuilles, très belles ép.

379 — La Caricature. — *Pièces diverses :* Bastien. Robert,
très voraces sujets sur chine . élévation de la poire
(pl. 179). les Hommages pl. 192-193 . coloriée. 1830
et 1835 2 portraits de Louis-Philippe . 2 ép. dont une
sur chine. Sire ! Lisbonne est prise.....; Ah ! tu veux
te frotter à la presse ! Philippe. mon père ne me lais-
sera donc plus de gloire à acquérir sur chine . voyage
à travers les populations empressées 2 ép. dont une
sur chine . Repos de la France : ens. 12 p. très belles
épreuves.

380 — Celui-là. on peut le mettre en liberté, il n'est plus
dangereux. très belle épreuve.

381 — Un Rentier des bons royaux. — Un Rentier des
Cortès ; ens. 2 pièces. très belles épreuves.

382 — Baissez le rideau. la farce est jouée sur chine . —
Très bien. très bien. vous vous êtes parfaitement con-
duits ! — Nous sommes tous d'honnêtes gens, em-
brassons-nous et que ça finisse. — Ce jeu n'a duré
que trois jours. — Pour un pauvre Américain, s'il
vous plait. — L'Apoplexie allant remplacer à Londres

la Paralysie. — L'Entrée du grand tunnel d'un chemin de fer. — La Loi de responsabilité des ministres
est un faible rempart; ens. 8 p., très belles ép.

383 — La Tête branlante. — Le Moulin du Télégraphe.
Marie-Louise Pairie. — Athéniens, prenez garde à
Philippe. — Gros-Jean Bouzeaud. — Il montéra! Il
ne montera pas! — Quelle sale représentation, mon
Dieu! — Principal acteur d'un imbroglio tragi-comi-
que: ens. 8 p., très belles ép.

384 — **David** (Louis). Napoléon (Galerie pittoresque,
nº 73), lithographie. — **Anonyme**. Lithographie, in-4º
en hauteur. Non signée : Un officier couché voit
apparaître deux spectres vêtus de suaires; ens. 2 p.,
très belles ép. sur chine.

385 — **Deblois** (C.-T.). Accident de chasse. — Un procès-
verbal, *d'après Jules Denneulin* (B. non décrit); ens.
2 p., superbes épreuves, sur parchemin. Signées du
peintre et du graveur.

386 — Jeune Femme couchée (Mᵐᵉ Galli-Marié), *d'après
L. Doucet*, très belle épr. d'artiste.

387 — **Decamps**. Les Environs de Smyrne (B. 12). —
Village de Turquie (B. 19); ens. 2 p., très belles épr.
d'artiste, sur chine.

388 — Lithographies originales : Essai à la manière noire
(M. 12). — Sujets de chasse : Retour de la chasse (28).
— Escalade (29). — Chienne sortant de sa niche (32).
Intérieur d'un chenil (33); ens. 5 p., très belles ép.,
sur chine.

389 — Croquis par divers artistes : nº 44 (48-67). — Caricatures politiques (74-86), 14 pièces, la plupart sur
chine, très belles ép., 1 est coloriée, manque les nᵒˢ 76,
81, les nᵒˢ 79, 85 et 86 sont en double.

On y joint : Les Experts, litho de Collignon, d'après Decamps; ens. 16 p.

390 — **Degas.** Danseuses au café-concert, in-18 en largeur. Signée. *Eau-forte* et *aquatinte*, très rare épr.
sur hollande.

391 — Danseuses, lithographie, Auteuil, H. et Cⁱᵉ, in-4ᵒ
en haut, très belle ép., sur chine.

392 — Chanteuse de café-concert, litho, in-4ᵒ en haut.
Signée. (Dédicace effacée.)

393 — Programme de la Soirée du 15 juin 1884. Société
des Anciens élèves du lycée de Nantes, in-4ᵒ en largeur. Signée.

DELACROIX (Eug.)

394 — **Lithographies originales.** Cheval sauvage terrassé par un tigre (M. 10, R. 288), superbe épreuve.

395 — Goetz de Berlichingen (M. 22 à 28, R. 645-640,
(644, 641, 642, 643, 646). 5 pièces (sur 7), belles ép.,
sur chine, une avec croquis dans les marges.

> Goetz écrivant ses Mémoires. — Frère Martin serrant la
> main de fer de Goetz. — Goetz blessé. — Weislingen attaqué
> par les gens de Goetz. — Weislingen prisonnier de Goetz.

396 — Médailles antiques (M. 29 à 33, R. 144 à 148),
suite de 3 feuilles (sur 6), belles ép., sur chine, du
tirage de l'*Artiste*.

397 — Macbeth consultant les Sorcières (M. 36, R. 117),
superbe épreuve d'essai, avant toute lettre.

> Vendue 385 fr. Vente Champfleury (plus les frais).

398 — La même pièce, très belle ép. du 3ᵉ état, plus une
ép. du tirage de l'*Artiste*.

399 — Cheval sauvage (M. 39, R. 390). La Sœur de Du
Guesclin (M. 45, R. 303), sur chine, avec le nom de
Delacroix. — Lion dévorant un cheval (M. 56, R. 805);
ens. 3 pièces, belles ép., sur chine: la 1ʳᵉ du tirage de
l'*Artiste*.

400 — Jane Shore (M. 40 R. 289), 2 ép. sur chine, très belles.

401 — Hamlet contemplant le crâne de Yorick (M. 41, R. 286), superbe épreuve sur chine *avec les croquis* dans la marge. — La même pièce, ép. avec la lettre sur chine.

402 — Artistes dramatiques en voyage (M. 92, R. 6). — La Consultation (M. 92, R. 31). — Dans quel siècle sommes-nous!!! (M. 93, R. 42). — Le Grand Opéra (M. 94, R. 43). — Théâtre Italien (M. 95, R. 44); ens. 5 pièces, très belles ép.

403 — Duel polémique entre Dame quotidienne et Messire le Journal de Paris (M. 96, R. 45). — Le Déménagement (M. 97, R. 56). — Leçons de Voltiges, (M. 98, R. 57). — Les Ecrevisses à Longchamps (M. 100, R. 58). — Gare derrière!!! (M. 101, R. 59); ens. 5 p. très belles ép.

404 — Le Soufflet (M. n. d, R. 17), très belle ép. probablement unique, provenant de la vente Burty.

Lettre autographe de M. Robaut ajoutée.

405 — Deux Cavaliers, lithographie in-4° en larg. (*non décrite*), superbe et très rare ép. sur chine.

406 — Caricatures d'actrices (*non décrites*); 2 pièces, très belles ép.

La première représente un buste de femme coiffée d'une couronne de laquelle tombe un voile; légende manuscrite:
« De mes foibles attraits le Roi parut frappé. »
La seconde est Mlle Georges à mi-jambes et tenant un mouchoir avec cette légende imprimée:
« Soleil, je te viens voir pour la dernière fois! »

407 — Hamlet, lithographie d'Eug. Le Roux, *d'après Delacroix*, très belle ép. avec dédicace de Delacroix à M. Henry d'Ideville.

408 — Faust, tragédie de M. de Goethe, suite complète de 17 lithographies, très belles ép. *sur chine de couleur*. R. 230 à 251, M. 58 à 75. — Portrait de Goethe et 2 portraits de Delacroix, par Gigoux et H. E. Lessore, ajoutés.

> Toutes ces épreuves en superbe condition sont montées très soigneusement sous bristol avec biseau doré et renfermées dans un portefeuille avec titre frappé en or sur le plat.

409 — Hamlet; (M. 76 à 91, R. 577 à 597). 13 sujets dessinés par Eug. Delacroix ; *à Paris, chez Gihaut frères*, s. d. (1843), in-4°, cart. *couverture*.

> Bel ex. de premier tirage avec sa couverture, auquel on a ajouté les 3 pièces publiées en 1864 (R. nos 80, 87, 90).

410 — Lion de l'Atlas (Robaut, n° 309). — Tigre royal, R. n° 310); 2 superbes épreuves toutes marges avec le cachet d'Ardit.

> Epreuves provenant de la vente Moignon.

411 — Les mêmes pièces, très belles épreuves, même état et condition.

412 — **Eaux-fortes originale**s. Un Forgeron (M. 21, R. 459), très belle épreuve sur chine, avant la lettre, du tirage de 1833. (2e état).

413 — Tigre couché dans le désert (M. 16, R. 990), superbe ép. de 1er état, *avant toutes lettres* et avant la signature de Delacroix, la marge couverte d'essais de vernis mou.

414 — La même pièce, très belle ép. sur papier ancien, *avec la signature seulement* dans la marge inférieure.

415 — Lionne déchirant la poitrine d'un Arabe (M. 17, R. 1095), très belle ép. avant la lettre, imprimée en sanguine.

416 — Juive d'Alger (M. 19, R. 461), très belle ép. du 1er état, avant la lettre, sur chine.

417 — Tigre couché (tourné à gauche), très belle ép., sur papier ancien.

> Pièce non décrite et tirée à 25 épreuves.

418 — **Delâtre** (Aug.). Sept très petits sujets sur une planche (B. 67). — Lever de Lune (B. 70). — Vue de Paris (108), gravée en 1861 et non en 1871. C'èst la plus importante pièce de l'œuvre; ensemble 3 pièces, très belles épreuves, la dernière avec dédicace signée.

419 — La Couturière, eau-forte, très belle ép. sur japon, imprimée en couleurs. *Signée.*

420 — Portrait d'Auguste Delâtre, le célèbre imprimeur, père de l'artiste, très belle ép. imprimée en couleurs, *avec dédicace. Signée.*

421 — **Delaunay** (A.). Cathédrale de Beauvais (B. non décrit), très belle épreuve d'artiste avec remarque, sur japon. *Signée.*

422 — Cathédrale de Chartres *(B. non décrit)*, épreuve de remarque, sur japon. *Signée.*

423 — Cathédrale de Coutances *(B. non décrit)*, épreuve de remarque, sur japon. *Signée.*

424 — Cathédrale de Rouen (B. 304), belle épreuve, sur hollande.

425 — Le Pont-Royal (B. 17), très belle ép. d'artiste *sur parchemin.*

426 — **Delavallée** (H.). Angélique à sa porte. — Route de Landemer. — Une Cour de ferme. — Les 3 barrières. — Vieille femme sur la lande. — La Nuit sur la plage ; ens. 6 pièces, belles ép. *signées* et numérotées, plusieurs sur papier ancien.

427 — **Delduc.** L'Écrivain public, *d'après Aranda*, belle ép. de remarque sur japon. — **Flameng** (Fr.). D'après. Les Girondins, très belle ép. d'artiste sur japon. —

Gravier A.. Paysage, *d'après J. E. Grace*, 1883, très belle épreuve de remarque sur japon ; ens. 3 p.

428 — **Delteil** (Loys). Portraits d'artistes graveurs, eaux-fortes originales : Bracquemond, Boilvin, Buhot (Félix), Ferdinand Gaillard ; ens. 4 p., très belles ép. sur hollande. Signées.

429 — **Denis** (Maurice). Les Pèlerins d'Emmaüs, lith. en couleurs, très belle ép. *Signée.*

430 — **Desaille** (Mlle A.). La Cigarette, n° 5/25. — Femme à sa toilette, tirée à 25 ép.; ens. 2 pointes sèches sur hollande. *Signées.*

DESBOUTIN (M.)

431 — L'Homme à la pipe (portrait de l'artiste) (B. 1), superbe épreuve sur hollande.

432 — Hippolyte Babou (B. 11). — Le Docteur Collin (B. 13). — Dailly. rôle de Mes Bottes de *l'Assommoir* (B. 16) avec le timbre sec British and foreign artist association : ens. trois pièces.

433 — La Princesse Colonna (Marcello) (B. 14). 1er état, tiré à 3 ép. — La même, état terminé. — Portrait de Degas (B. 17), 2 ép. dont une sur japon *avec les barbes* : ens. 4 pièces.

434 — Mlle Berthe Morisot (B. 22). très belle ép. d'artiste, sur hollande.

435 — Le Comte Lepic (B. 20), état d'essai au fond blanc. — Mme Th. Ritter (B. 24). — M. Alexis Rouart (25) : ens. trois pièces sur hollande ou japon, belles épreuves.

436 — Soldi, sculpteur (26). — Mme Valentin (27). — Mme Dauviller (28) ; ens. 3 pièces sur vélin et hollande, belles épreuves.

437 — Son portrait par lui-même 29', très belle ép. sur
hollande.

438 — Son portrait par lui-même, de profil à gauche,
coiffé d'un grand feutre mou, pipe à la bouche (30),
belle ép. sur hollande, avec dédicace. *Signée* et datée.

439 — André Desboutin 33'. — Mme Bouquet de la Grye
35 . — Portrait de Burty, 8 janvier 1875 (37). —
Mlle Burty 38' ; ens. 4 pièces sur hollande ou japon,
très belles épreuves.

440 — Mme Hector de Callias B. 39'. très belle ép. de
remarque sur hollande.

441 — La même pièce, très belle épreuve terminée, tirée
avec les barbes de pointe sèche.

442 — M. Grand-Carteret (48). — Le Fils de Ludovic
Halévy 50 . — Marthelot 66 . — Renoir, peintre
68 ; ens. 4 pointes sèches sur hollande, une *signée*
et datée 77.

443 — Leroy, imprimeur 63'. Ier *état*, le fond entièrement blanc, février 1875. — 2e état, le fond occupé
par des estampes, la veste ombrée et indication de la
presse. Juin 1875 ; ens. 2 pièces, très belles ép. provenant de la vente Burty.

444 — Portrait d'Henry Rochefort (69', Ier état, *avec le
fond entièrement blanc*.

445 — Armand Sylvestre 71'. — Charles Bigot (77). —
Cadart 78. — Henry Cohen 83'; ens. 4 pointes
sèches. belles épreuves sur hollande.

446 — Degas 85'. — Edmond de Goncourt, février 1875
88 . — Charles Haas (89'. — Henner 90'. 2 épreuves;
ens. 5 pointes sèches sur hollande.

447 — Jules Jacquemart, Ier état 92'. — Richepin (105),
2 ép. — P. Rouquette (107'. — Sichel (110); ens.
5 pièces. belles épreuves.

448 — Zola (Emile , tête seule, sans lorgnon *non décrit* .
Anonyme, tête d'homme avec un lorgnon 113 . —
Courbet 118 , 2 ép. dont une sans le nom de l'imprimeur et les initiales MD; ens. 4 pointes sèches sur
hollande et japon, belles épreuves.

449 — Portrait du pape Pie IX B. 116 . épreuve d'artiste, sur hollande. *Signée.*

450 — Augier 120 . — Baudelaire 121 . — Claretie 124 ,
assis de face, à mi-jambes dédicace effacée . — Dumas fils 126 ; ens. 4 pointes sèches, belles épreuves
dont 2 *signées.*

451 — Ernest Feydeau (128). — Mérimée 130 . — Monselet 131 . — J. Sandeau (133 ; ens. 4 pointes sèches
sur hollande.

452 — Etude de Jeune Fille appuyée sur une chaise (146 .
très belle épreuve sur hollande. *Signée* et légendée
par l'artiste. 1ʳᵉ *épreuve.*

453 — Chanteurs des rues femme et enfant, 151 . —
Scène de brasserie (le bal) (153) ; ens. 2 pièces sur
hollande.

454 — La Femme au chat (B. *non décrit*), épreuve d'artiste sur japon. *Signée.*

455 — Portrait d'Aristide Bruant, *lithographie* originale,
belle ép.

456 — Tête de petit garçon riant, coiffé d'un grand chapeau, duquel s'échappent ses cheveux: pointe sèche
in-4° en haut., très belle ép. sur hollande *non décrite*
par M. Béraldi ou 34 ?

457 — Pointes sèches non décrites : Son Portrait, en
buste, assis de face, de trois quart à droite. tenant sa
pipe à la bouche de la main gauche, chapeau rejeté
en arrière la main droite ramenée sur la jambe.

Haut., 20 cent.; larg.: 16 cent.

458 — Son Portrait (?), tête seule, très forte, nue, cheveux et barbe hirsutes, cravate molle, presque de face, regardant à droite.

Haut., 155 millim.; larg.. 105 millim.

459 — Deschamps, marchand de tableaux à Londres, neveu de Gambard. févr. 1875, 1er état (Burty), tête seule, sur un cuivre in-8º. — Manet, tête seule, de face, le front dégarni ; ens. 2 pièces, très belles épreuves.

460 — Étude de Jeune Fille couchée sur un divan ; le bras droit enfoncé dans un coussin, buste et jambes nus, cheveux tombant sur la nuque et attachés par un ruban (décembre 1874), Burty.

Haut.. 18 cent.; larg., 28 cent.

461 — Pointes sèches non décrites. Etudes d'enfants : 2 en buste, 1 sur un cheval de bois, autre dans une chaise d'enfant, autre tenant un sabre, in-8º en haut. — Tête d'homme à grande barbe noire, mèche de cheveux au milieu du front, in-32 en haut. — Tête d'homme de profil à droite, front dégarni, moustaches et barbe noires in-32 en haut. ; ens. 3 p. sur japon.

462 — **Désiré-Lucas.** Le Benedicite, litho., épreuve de remarque, sur chine collé. Numérotée 22 et signée.

463 — **Desmoulins** (F.). Portrait de Victor Hugo (B non décrit), épreuve de remarque, sur japon, avec dédicace. *Signée.*

464 — Une Famille, pl. de 7 portraits de femmes d'après Ribot, superbe ép. de remarque, sur japon. *Signée du peintre et du graveur* et numérotée 25.

465 — **Detouche** (H.) A la lumière, eau-forte sur hollande, signée. — Les épaules nues, pointe sèche, in-fol. sur japon ; ens. 2 pièces.

466 — **Devéria** (Achille). Portrait d'A. Devéria (B. 1),
très belle ép. sur chine.

467 — Hagman (B 22), Henry Jamin (B 89), sur chine;
ens. 2 p. très belles ép.

468 — Victor Hugo (B 24), très belle épreuve sur chine.

469 — Mlle Herminie Dubois (B 408). — Un an après le
mariage (432) — La Sortie du bain. — Innocence. —
Elle attend. — Le Roman du jour. — Comme il m'a
trompée ; ens. 7 pièces, belles ép. sur blanc ou sur
chine.

470 — **Devéria, de Dreux, J. Dupré, Forest.** — Onze
lithographies, dont 2 coloriées, belles épreuves.

> Mlle Alex. Noblet, Dévotion. — L'Orateur dans l'embarras.
> — Une Première Visite. — Théâtre anglais : Jane Shore et
> Othello (6 p. par *Devéria*. — Études variées (n° 1), par *A. de
> Dreux* (Color). — Vue prise en Angleterre, par *J. Dupré*. —
> Portrait de Charles Avisseau, par *Fisher*. — Ce M'sieu a l'air...,
> par *Forest* (Color). — Regard par Garnier.

471 — **Diaz** (J.), **Didier** (J.). Les folles amoureuses. —
Imposture, 2 litho. de Diaz. — Fontaine aux environs de Tunis, *d'ap. de Tournemine*, par J. Didier, 3
p. sur chine.

> Nous y joignons G. Sand, par Desmadryl; Balzac, litho.
> par Borneman; Thiers, par Julien; ens. 6 p.

472 — **Dien**. Mme Gatteaux, *d'après Ingres* (B 18). —
N. M. Gatteaux, graveur en médailles, *d'après Ingres*
(B 17) ; ens. 2 pièces, très belles épreuves.

473 — **Dillon** (H. P.). Au cirque Fernando, lithographie
in-folio en largeur, très belle ép. — Fantaisie. —
Séance d'atelier, 2 litho. originales, belles ép. d'artiste ; ens. 3 pièces, sur chine.

474 — **Divers**. Eaux-fortes par Injalbert. Innocenti,
Joyant, etc. ; ens. 11 p. belles ép., plusieurs avant la
lettre.

475 — Eaux-fortes et autres, par Apoux, Artigue, Benassit. — Béraud. — Berthaut. — Bertruot, etc. ; ens. 29 p.

476 — **Divers**. Portraits, reproductions de dessins, caricatures, etc., etc., 87 pièces (quelques-unes sont coloriées). — Coupures de journaux illustrés, 64 p. — Illustrations par divers procédés de gravures, la plupart extraites du *Courrier Français*, 77 pièces ; ens. 228 p. en 3 portefeuilles.

477 — **Doré** (G. Episode du siège de Paris (B. 5), eau-forte, ép. du 3e état sur hollande.

478 — **La Légende du Juif-Errant**. Composition et dessin par Gustave Doré, gravés sur bois par *F. Rouget, O. Jahyer et J. Gauchard*, imprimés par J. Best.—Poème et prologue et épilogue par Pierre Dupont, préface et notice bibliographique par Paul Lacroix (Bibliophile Jacob), avec la ballade de Béranger, mise en musique par Ernest Doré, *Paris, Michel Lévy frères*, 1836, in-fol., titre, couverture et 12 p. tirées sur chine.

479 — Lion Couché (B 53), très belle ép. sur hollande. — Petite Mendiante à Londres (B. 9), pl. détruite. — Le Juif-Errant, lithographie, titre de musique, tirage avec *Souvenirs d'artistes* sur chine ; ens. 3 p.

480 — La Mort de Gérard de Nerval, lithographie in-fol. en haut., superbe ép. sur chine.

481 — Le Néophyte, 3e planche inédite (B. 28), eau-forte, épreuve du 2e état, seul décrit, sur chine.
Tirée à quelques épreuves d'essai.

482 — La même pièce (B. 29), 4e planche inédite, eau-forte, épreuve sur chine, en 1er état.
Tirée à quelques épreuves d'essai.

483 — Le Néophyte, 8e planche inédite (B. 33), eau-forte, épreuve sur chine.
Tirée à quelques épreuves d'essai.

484 — **Duez**. Femme à la casaque de loutre, eau-forte,
tirée à 10 épr. sur hollande. Signée. — Femme au
bord de la mer, pointe sèche, tirée à 10 épr. sur hollande. Signée 'plus une épreuve de la planche détruite'. — La Femme au singe, eau-forte, très belle
épr. sur hollande. Signée; ens. 3 p.

485 — Les Roches à Villerville. eau-forte. — Étude de
femme nue se coiffant, pointe sèche, tirée à 10 épr.,
plus une épreuve de la planche détruite. — Jeune
Femme debout, eau-forte sur japon; ens. 4 pièces
sur holl., dont 2 signées.

486 — **Dupont** P.. La Charrue, très belle épr. d'artiste
sur hollande. Signée et numérotée 29/50.

487 — Le Cheval tombé, très belle épreuve d'artiste sur
parchemin. Signée et numérotée 3.

> Tirée à 10 épreuves.

488 — L'Outillage : Au bord de la Seine, très belle épr.
d'artiste. Signée et numérotée 16.

489 — L'Outillage : Cheval mangeant, très belle ép. sur
hollande. Signée et numérotée 11. — L'Outillage :
Chevaux à la charrue, grande planche avec rideau
d'arbres, très belle épreuve d'artiste. Signée et numérotée 14; ens. 2 p.

490 — **Dupray** H. Vignettes pour illustrations, suite
d'un portrait et 8 eaux-fortes, très belle épr. avant la
lettre sur hollande.

491 — **Durandeau, Faber**. Mossieu et sa Dame. — Les
Inutiles, par *Durandeau*. — Portrait de Victor Hugo,
litho., par *C. Faber*. In-8°, 1847.

492 — **L'Eau-forte en 1874, 1875, 1876, 1877, 1878,
1879, 1880, 1881**, 8 albums in-folio, contenant chacun 30 eaux-fortes par 30 artistes à l'exception de
1875 qui en contient 40.

Manquent en 1875 : *Martial*, Mabille ou Château des Fleurs.

1877 : *Lalauze*, la Balançoire. — *Martial*, Source en forêt. — *Lhermitte*, la Vendange.

1878 : *Casanova*, le Sourd. — *Jules Lefebvre*, Pascuccia. — *Rudaux*, Très fort à la ligne. — *Pelouse*, le Havre de Carteret.

1879 : *R. de Los Rios*, Inter Pocula. — *E. Boilvin*, Agacerie.

1880 : *Rudaux*, Un Maraudeur. — *R. de Los Rios*, Paysages et Animaux.

1881 : *Rudaux*, Il m'aime, un peu, beaucoup. — *Barillot*, Pâturages bressants. — *R. de Los Rios*, le Déjeuner.

493 — **Eliot** (Maurice). Tête de Jeune Fille, lithographie en couleurs, très belle épr. sur chine.

494 — **Ensor** (James). Eaux-fortes originales : La Lisière. — Le Boulevard à Ostende. — Ferme flamande ; ens. 3 pièces, belles épr. d'artiste. Signées.

495 — **L'Estampe originale**, texte par Roger Marx, 1893, 1re année, 4 livraisons contenant 40 estampes in-fol., imp. en noir et en couleurs. Signées et numérotées.

> Superbe publication, donnant des pièces originales de M. Denis, Vuillard, Toulouse-Lautrec, Raffaelli, Rodin, Redon, Fantin-Latour, Lepère, Lunois, Bracquemond, Carrière, F. Rops, Puvis de Chavannes, Renoir, H. Rivière, Whistler.
> Tirée à 100 exemplaires, n° 78.

496 — **Evershed** (Arthur). — Paysages, 4 eaux-fortes, belles épreuves d'artiste, in-8° et in-4°.

497 — **Faivre** (Cl.). — Joueurs d'échecs, d'après *Roybet*, épreuve d'artiste, sur japon. Signée. — Tête d'Homme, coiffé d'un grand chapeau de feutre, d'après *Rembrandt*, eau-forte, in-4° sur hollande ; ens. 2 p.

FANTIN-LATOUR (Henri)

498 — Un Morceau de Schumann, eau-forte, épr. d'artiste sur hollande, avant la lettre (Hédiard 2).

> Très rare.

499 — Son Portrait, par *Rothenstein*, lithographie, très belle épr. d'artiste sur chine.

500 — Baigneuses, 1re petite planche Hédiard 11 . très belle et rare ép. sur chine, *avec dédicace*. *Signée*.

    Tirée à 6 épreuves.

501 — Baigneuse (H. 27 , très belle ép. du 1er état, sur chine. *Signée*.

    Tirée à 6 ou 7 épreuves.

502 — Sarah la Baigneuse, 2e planche H. 99 . très belle ép. sur chine. *Signée*.

    Tirée à 25 épreuves.

503 — A la mémoire de Stendhal H. 105 . très belle ép. du 2e état sur 3 . sur chine. *Signée*.

    Tirée à 17 épreuves.

504 — Finale du Rheingold H. 18 . superbe ép. sur chine du 2e état. *Signée*.

    Tirée à 3 ou 4 épreuves.

505 — Rinaldo. 2e planche H. 19 . très belle ép. sur chine. *Signée*.

506 — Siegfried. Evocation d'Erda. 1re planche H. 20 . très belle ép. sur chine gris. *Signée*.

507 — Bouquet de roses, lithographie in-folio en haut. (H. 26), superbe épreuve de 1er état, sur chine, *avec dédicace*. *Signée*.

508 — Baigneuses, 1re grande planche, lithographie in-f°. en largeur H. 37 . superbe ép. sur papier intercalé. *Signée*.

509 — Baigneuses. 2e grande planche H. 38 . superbe ép. sur papier intercalé. *Signée*.

510 — Parsifal. Évocation de Kundry. 1re planche H. 42 . superbe épreuve sur papier intercalé. *Signée*.

511 — Parsifal. Évocation de Kundry, 2e planche (H. 43),
très belle ép. sur chine. *Signée.*

512 — Baigneuses, 4e grande planche (H. 138), très belle
épreuve sur chine.

513 — Danses (H. 140), très belle épreuve sur chine.

514 — Siegfried et les Filles du Rhin, 4e planche,
(H. 141), très belle ép. sur chine.

515 — Étude pour l'Ève (H. 147), très belle ép. d'artiste
sur chine volant. *Signée.*

516 — Baigneuse de dos (pendant de l'Etude pour l'Ève
(H. non décrit), très belle ép. d'artiste sur chine volant.
Signée.

517 — **Fauché** (L.). Fleurs. Le Bocal, 2 litho. en couleurs, in-fo en haut, belles épreuves.

518 — **Feure (de)** (G.). Les Montmartroises, affiche ép.
avant la lettre. — Intimité. — Aux Copains du diable
au corps. — Dernier amant ; ens. 4 lithographies en
couleurs, très belles ép. d'artiste. *Signées.*

519 — **Feyen-Perrin**. Vendangeuse. — Pêcheuse et son
Enfant. — La Ronde. — Le Guitariste. — Femme
nue couchée. — Épisodes des premières Guerres. —
Le Veuf. — Les Filles du Pêcheur ; ens. 8 eaux-fortes
sur papier de holl., très belles ép. d'artiste.

520 — **Fillon** (Benjamin). Portrait d'un abbé, eau-forte
en médaillon, très belle ép. sur chine, datée 5 janvier
1860 — **Genesteix** (F.), amateur demeurant à Poitiers : Eau-forte, Paysage. — Armoiries de Monseigneur Pie, évêque de Poitiers. — L'Église de Persac.
— Chien et canard sauvage. — Les Pins. — Roches
et peupliers, 2 états. — Vieux chêne ; ens. 8 pièces,
plusieurs en épreuves d'artiste.

521 — **Flameng** (L.). Sauvée! (B. 99), épreuve avant la
lettre, sur hollande.

522 — La Source, *d'après Ingres* (B. 179), très belle ép.
d'état avant les noms, sur chine. — La même pièce,
épreuve terminée avec la lettre, sur chine; ens. 2 p.

523 — Angélique, *d'après Ingres* (B. 180), très belle ép.
d'artiste *avant le cadre*.

524 — Copie de la pièce aux 100 florins. *d'après Rembrandt* (B. 218), très belle ép. d'artiste. sur hollande.

525 — Mme Edmond Adam (B. 303). — Hille Bobbe.
d'après Frans Hals (B. 232), sur hollande. — Charles
Méryon sur son lit, d'après nature (B. 369), sur japon.
— Mlle de Girardin (B. 339). — Prince Napoléon (?).
— Médée, *d'après Delacroix*; ens. 6 pièces, belles
épreuves.

526 — **Florian**. Une Jeune Femme vers 1895, eau-forte.
sur japon. — · Portrait de Mme X, eau-forte, sur hollande; ens. 2 pièces, très belles épreuves.

FORAIN (J.-L.)

527 — Eaux-fortes. pièces de format in-8° : Danseuse à
sa toilette. — Deux Gommeux. — Intérieur d'un café.
— Deux Jeunes Femmes en promenade. — La Bouquetière. — La Sortie des actrices, sur chine et sur
hollande (cette dernière avec dédicace à Antonin
Proust). — Une Femme au café-chantant, eau-forte
non terminée, ép. sur hollande (très rare); ens. 7 p.,
très belles épreuves.

528 — Le Gommeux au bouquet, eau-forte in-4°, superbe
ép., sur japon.

529 — Le Quart-d'heure de Rabelais, eau-forte et pointe
sèche, in-4° en largeur, très belle ép., sur hollande.

530 — **Lithographies originales** : L'Audience, in-folio
en larg., superbe ép. tirée en bistre. Signée et numérotée 4.

   Tirée à 10 épreuves.

531 — En Cabinet particulier, in-fol. en largeur, superbe
épreuve. Signée.

532 — Dans la loge, gr. in-4° en larg., très belle ép. en
bistre. Signée.

> Tirée à 3 exemplaires.

533 — Rue Laffitte, très belle ép., sur japon.

534 — Le Bain, pl. en hauteur. très belle ép. Numérotée 1
et signée.

> Tirée par l'auteur, Forain.

535 — **Forain** (D'après J.-L.. Deux bois, d'après ses dessins, gravés par *Prunaire*, en fumés sur chine et sur
japon, très belles épreuves.

> Dame assise, recevant dans un salon des Messieurs, dont
> un lui baise la main. — Série de *Gommeux* présentant leurs
> hommages à une chanteuse en scène derrière un décor.

536 — **Forain** (J.-L.). Caricatures extraites de divers
journaux. 154 pièces en 3 portefeuilles.

> *Journal amusant* (44 pièces). — Supplément du *Journal*. —
> *Le Fifre*. — *Le Courrier Français*. — *L'Écho de Paris*, etc.
> (56 pièces).
> 3 sont en tirage à part.

537 — **Forel** (Alexis). Eaux-fortes originales : Rue Saint-
Julien-le-Pauvre (B. 8). — Notre-Dame (B. 11). —
Croix et Chaumière (B. 18). — Clocher d'Esquibien
B. 19). — Moulins à vent (B. 24 et B. 27). — Les
Saules à Gentilly (B. 29). — Bords du Léman (B. 32).
— Lever de lune, Morbihan (B. 51), sur parchemin.
— Coup de vent, Morbihan (B. 52). — Saint-Prex
non décrit). — Une Tour de la Madeleine, à Che-
vreuse *non décrit*): ens. 11 pièces, très belles ép.
d'artiste, la plupart sur japon. Signées.

538 — **Fornet**. La Baratteuse, *d'après Millet*, ép. d'état.
sur hollande.

539 — **Fortuny** (Mariano). Eaux-fortes par Fortuny;
Goupil et C, éditeurs, *Paris;* 34 pièces, très belles

ép., tirées sur chine et sur hollande, plusieurs doubles.

Arabe veillant le corps de son ami (B. 1). — **Kabyle mort** (B. 2), 2 épreuves, dont une sur chine. — La Victoire (B. 3). — Idylle (B. 4). — Tireuse de cartes (6). — Arabe assis (B. 7). — 2 ép., dont une de 1ᵉʳ état *avec le terrain clair et un trait carré supprimé dans l'état achevé*. — Mendiant accroupi (8). — Famille marocaine (B. 9). — **Sérénade** (B. 10). — 2 ép., dont une sur chine, avant le titre. — Amateur de jardin (B. 11), 2 ép., sur chine. — Croquis (12). — Un Pouilleux (B. 13), 2 ép., dont une sur chine. — Une Rue à Séville (B. 14). — Muletier (B. 15), 2 ép., dont une sur chine. — **L'Anachorète** (B. 16), sur chine. — Tanger, Arabes assis (B. 17). — Deux cardinaux (B. 18). — Cheval du Maroc (B. 20). — Église Saint-Joseph, à Madrid (B. 21). — Maréchal-ferrant, au Maroc (22), 2 ép., dont une sur chine. — Méditation (B. 23). — Diplomate (24), sur chine. — Portrait du peintre Zamacoïs (B. 25). — Sujet sans titre (26). — Homme se roulant à terre (27), 2 ép., dont une sur chine. — Un Maître des cérémonies (B. 28).

540 — **Foulquier** V. . Rentrée des pêcheurs B. 31 . — Falaises au bourg d'Ault B. 26 . — L'Orage B. 28). — Ramasseuses de galets B. 27 . — Une Barque B. 25 . — La Prière B. 32 . — Avant-Port à Cherbourg B. 29 . — Chercheuses de vers B. 30 ; ens. 8 pièces, belles ép. — Au Bord de la mer, suite complète de 8 eaux-fortes originales , B. 25 à 32 .

541 — **Français** A. . Bords de la Seine, près de Bougival, d'après son tableau. — Le Chêne et le Roseau, d'ap. *Grandville*, 2 pièces sur chine. — **Dupré** J. (D'ap. . Paysage, litho., par A. Petit, sur chine; ens. 3 p.

542 — **Frison** Gustave. . Galerie comique ; ens. 59 pièces coloriées.

GAILLARD (F.)

543 — Monseigneur Bouvier, évêque du Mans (B. 11), superbe ép. d'artiste, sur chine, avec longue dédicace *signée* et *datée* 1855.

« Témoignage de haute estime et de sincère amitié, offert à mon ami Henri Chapu, en 1855.

« F. GAILLARD. »

544 — Portrait de Mistral, *d'après Hébert* (B. 12). — Horace Vernet, *d'après Paul Delaroche* (B. 9), avant la lettre, sur chine : ens. 2 pièces, belles ép.

545 — Le Prince Bibesco, in-8º en hauteur (B. 19), très belle ép. *Signée.*
> Eau-forte faite directement d'après nature, note manuscrite de Gaillard.

546 — Œdipe et le Sphynx (B. 24); très belle ép. d'artiste.

547 — L'Homme à l'œillet (B. 25), *d'après Van Eyck*, très belle ép. avant la lettre.

548 — La même pièce, deux très belles ép. avec la lettre, du 1er tirage, *avec le nom de Chardon.*

549 — La Vierge et l'Enfant Jésus, *d'après Botticelli* (B. 29), belle ép. sur chine. — Le Comte de Chambord (30), belle ép. sur chine ; ens. 2 p.

550 — Saint Sébastien (B. 34), très belle ép. du 6e état. *Signée* et numérotée 8.

551 — La Tête de cire (B. 35), très belle ép. d'artiste, sur chine.

552 — Dom Guéranger (B. 38), très belle ép., d'artiste, sur chine.

553 — La même pièce, superbe ép. d'état.
> Cet état est caractérisé par une traînée lumineuse à gauche du visage.

554 — Léon XIII (B. 39), magnifique ép. d'artiste, sur chine, avec dédicace, *signée* et datée 1880, à son imprimeur, M. Georges.

555 — La même pièce, belle ép. avec la lettre. — La même pièce, tête seule, belle ép. avant la lettre, sur chine du galvano, publiée dans la *Gazette des Beaux-Arts*; ens. 2 pièces.

556 — Monseigneur Pie, évêque de Poitiers (B. 40), très belle ép. — Monsieur de Melun (B. 41), très belle ép. d'artiste, sur japon. Signée; ens. 2 p.

557 — Le R. P. Hubin (B. 42); belle ép.

558 — La même pièce, superbe ép. de remarque, sur chine,
du *19e état*.

> Dans cet état, il y a 9 rangées de traits verticaux dans
> la marge inférieure à droite du portrait de saint Ignace de
> Loyola.

559 — Les Pèlerins d'Emmaüs, *d'après Rembrandt* ; superbe ép. du 5e état B. 43 , sur japon. *Signée.*

> Dans cet état, la nappe et la figure du serviteur sont en-
> tièrement blanches.

560 — La même pièce. très belle ép. avant la lettre, sur
chine. *Signée* B. 43.

561 — Saint-Georges, *d'après Raphaël* B. 45. très belle
épreuve d'état, sur japon.

> Cet état est caractérisé par le fond blanc derrière le che-
> val.

562 — La même pièce. belle épreuve sur chine.

563 — Sœur Rosalie B. 48 , très belle épreuve.

564 — La Joconde, *d'après Léonard de Vinci* B. 83, très
belle épreuve d'état, sur chine.

565 — Monseigneur de Ségur, photogravure d'un dessin
in-8°, belle épreuve sur hollande.

566 — **Garnier**. A. F. . Croquis à l'eau-forte. 6 croquis
sur une planche. — **Gautier** Amand . Illustrations
pour Monsieur de Bois d'Hyver. 4 pièces B. 2. —
Grenaud H.. La Noce. — La Toilette du soldat,
2 pièces, belles ép. sur chine. publiées dans *l'Artiste* ;
ens. 7 p.

567 — **Gaucherel** L.. Mistress Orchardson ? .très belle
épreuve d'artiste, sur hollande. — Le Salon de 1757,
d'après Gabriel de St-Aubin. — Le Duc d'Aumale.
très petit médaillon *(non décrit).* — Le Golgotha.
d'après Rembrandt ; ens. 4 pièces dont deux avant la
lettre.

6

568 — **Gaujean**. L'Apparition, *d'après Gustave Moreau* (B. 2), très belle ép. d'artiste, sur hollande.

569 — Les Enervés de Jumièges (B. 18), *d'après Lumi-nais*. 2 p. très belles ép. d'état ou d'artiste, une signée du peintre et du graveur. — La Marquise du Châtelet, *d'après Nattier* (B. 20), très belle ép. d'artiste avec remarque. — Le Pied-bot. *d'après Ribera* (B. 22). — Les Fileuses. *d'après Velasquez* (B. 24); ens. 5 pièces, très belles épreuves.

570 — Gardiner, *d'après Holbein* (B. 34).

571 — La Vierge d'Anvers. ou Agnès Sorel, *d'ap. Jehan Foucquet*. superbe ép. de remarque. Signée.

572 — La Marchande de lait. *d'après Paul Renouard*, ép. d'artiste sur hollande. — Le Cardinal Bentivoglio, *d'ap. Van Dyck*, très belle ép. d'artiste, sur hollande ; ens. 2 p.

573 — Vierge en prière, *d'après Quentin Matsys*, très belle ép. d'artiste sur japon. Signée.

574 — Madone de San Zeno, *d'après Mantegna*, très belle ép. d'artiste, sur japon.

575 — Madeleine, *d'après Quentin Matsys*. — Portrait de femme, *d'après Pierro della Francesca* ; ens. 2 p. très belles ép. d'artiste, sur japon. Signées.

576 — Baigneuses, *d'après Fragonard*, très belle ép. d'artiste avec remarque, imprimée en couleurs, sur japon. Signée.

577 — **Gautier** (Lucien). La Rue Saint-Julien-le-Pauvre (B. 5). — L'Écluse de la Monnaie (B. 8), ép. d'artiste sur japon, *avec dédicace*. — L'abside de Notre-Dame (B. 15) ; ens. 3 pièces, très belles épreuves.

578 — L'Abside de Notre-Dame de Paris (1884) (B. 15), très belle épreuve d'artiste sur japon. *Signée.*

579 — Le Forum Romain (B. 46), eau-forte, 1883, très belle épreuve de remarque, sur japon. *Signée.*

580 — Château Saint-Ange, à Rome (B. 47), eau-forte, belle épreuve de remarque sur japon.

GAVARNI

581 — Son portrait gravé à l'eau-forte par Boilvin, très belle ép. avant la lettre.

582 — Chandellier Mahérault et Bocher n° 17. R. R. R. très belle ép. sur chine.

583 — H. Monnier M. 174. 1er état sur chine. *avec le n° de pierre effacé.* — H. Monnier 173. *4e état* ; ens. 2 p. belles ép. sur chine.

584 — Messieurs du Feuilleton M. 81-89. suite de 8 pièces, très belles ép. du *2e état* sauf le n° 89, qui est en *3e état*.

   Manque le n° 2, de la suite H. Murger.

585 — La Feuille et le Serment 107, *3e état.* — Projets de bonheur 223, 3e état. — La Procession du Diable (227-228). — Les Chevaliers de la belle Etoile 1564. 2 ép. du *2e état*, sur chine. et *3e état*, sur blanc : ens. 5 p., 3 sur chine.

586 — Un Attelage de porteur d'eau (1669). — La Sculpture monumentale (1674). 1er *état* avant le numéro. — Piété filiale (1678). — Une Famille pauvre (1679), 2 ép. ; ens. 5 p., belles ép., 4 sur chine.

587 — Les Artistes. n°s 3. 4 à 8. 10 M. 332-347, 8 pièces, très belles ép. coloriées — Fumé d'un bois, *d'après Gavarni*, ép. sur chine ; ens. 9 pièces.

588 — Les Anglais chez eux, n° 12 (M. et B. 1250). — Histoire de politiquer, n°s 25 et 25 (M. et B. 1332-1333) : ens. 3 p., très belles épreuves de *premier état*, avant lettre sur chine.

589 — Nuits de Paris : Le Foyer (1914), très belle ép. d'artiste sur chine double. — Un Souper à la Maison d'Or (Après le Bal (1915), ép. sur chine (pièce décrite sous le titre : La Chanson de table); ens. 2 pièces.

590 — Garde champêtre (M. et B. 2287). — Un Bourgmestre (M. et B. 2288); ens. 2 pièces, très belles ép. du 1er *état*.

591 — La Lanterne magique, sur chine. — Tireuse de cartes (M. 2014).—Plénipotentiaire.—Vieille femme et Jeune blanchisseuse (sans marges). — Diablerie, n° 46. — Avant le péché, Scènes de la vie intime (M. 2009), belle ép. coloriée, R.R.R. Reproduction d'un dessin de Gavarni; ens. 6 pièces, belles épreuves.

592 — **Géricault.** Son portrait, avec un bonnet grec sur la tête, par L. Cogniet(?).—Mort de Géricault, par H. Garnier, *d'après Scheffer.* — Porte-étendard (Clément n° 3); ens. 3 p., belles ép., 2 sur chine.

593 — Mameluck défendant un trompette blessé (8), très belle épreuve.

594 — Convoi de blessés (10), très belle épreuve.

595 — Retour de Russie (12), très belle ép., imprimée en deux teintes.

596 — Le Factionnaire suisse au Louvre (14), très belle ép. du 2e état.

597 — The Piper (26). — Pity the Sorrows of a poor oldman (27), très belle ép., provenant de la vente Moignon. — Entrance to the Adelphi Wharf (31). — The English Farrier (32), 2 ép. de tirage différents; ens. 5 p., très belles épreuves.

598 — Marchand de poissons endormi (40), très belle ép. (vente Moignon). — Cheval mort, effet de neige (91); ens. 2 ép.

599 — **Gérome** (J.) Le Fumeur égyptien (B. 1), sur chine. — César mort (B. 3 . 2 pièces, belles ép. d'artiste. — Le Combat de coqs, gravé par *Metzmacher*, ép. avant lettre; ens. 3 pièces.

600 — **Gervex** (Henri). La Communion à l'Eglise de la Trinité, eau-forte originale, très belle ép. sur hollande (Collection Burty).

601 — **Géry-Bichard**. Portrait de Chardin, *d'après son tableau*, très belle ép. de remarque, sur japon, avec dédicace. Signée. — La Morte, *d'après Josef Israëls*, très belle ép. de remarque, sur japon. Signée; ens. 2 pièces.

602 — **Giacomelli** (Hector). La Mort de Gardilane, eau-forte, très belle ép. d'artiste. Signée et légendée : 1er péché! — D'après **Gill** (André). Portrait de Dailly, gravé par *Smeeton-Tilly*, sur chine. — **Gonzalez** (J.). Les Chanteurs. — Les Mandolinistes, 2 pièces, belles épreuves. — **Guiraud de Scévola**, affiche pour son Exposition à la Bodinière, litho. en couleurs, très belle ép. avant toutes lettres. Signée; ens. 5 p.

603 — **Gigoux** (J.). Portrait de Paul Delaroche, lithographie (B. 112), très belle ép. d'artiste. — Portrait de Barye, sur chine. — Portrait de Gigoux, par Alophe. — La Jeunesse d'Hoffmann, par Hector Martin, d'après *Gigoux;* ens. 4 p.

604 — **Gilbert** (Achille). Cerf (on the Alert) (B. 61), *d'après Rosa Bonheur*, 1878, très belle ép. d'artiste, sur japon. *Signée.*

605 — Portrait de Mme Herzog. *d'après Henner* (B. 115). — Portrait de Victor Hugo, ép. de remarque (B. 125). — Joueur de guitare, d'après Meissonier, ép. de remarque, sur parchemin; ens. 3 pièces, très belles ép. *2 signées.*

606 — La Vérité, d'après Paul Baudry (B. 25), litho., très belle ép. avant lettre, sur chine.

607 — **Gilli** (A.-M.). Tentation. — Reproche (B. 6 et 7), 2 pièces, belles épreuves.

608 — **Giran** (F.). Un Bar aux Folies-Bergères, litho. en couleurs, très belle ép. Signée et numérotée 4.

609 — **Godin** (G.). Eaux-fortes originales, imprimées en couleurs : L'Escaut (n° 17/20), sur japon. — Le Soir jaune (n° 2/8), sur japon. — L'Estacade (n° 10/11), sur hollande. — La Pointe du Raz (n° 1/12), sur japon. — La Neige. in-folio, en couleurs, tirée à 6, n° 1, sur japon; ens. 5 pièces, très belles épreuves d'artiste. Numérotées et signées.

GŒNEUTTE (NORBERT)

610 — La Femme à la guitare, pointe sèche, très belle ép. d'artiste, sur hollande. — Le Plan de Paris, pointe sèche, superbe ép. d'essai, sur hollande. *Signée* (tirée à 2); ens. 2 p.

611 — Portrait du graveur Henri Guérard tirant une épreuve (B. 1), 4 épreuves d'états différents du 1er au 4e, très belles épreuves. *Signées* et timbrées.

612 — Un Jour de fête (B. 5), 1er *état.* — La Lettre (B. 9). — N. Gœneutte devant sa table de travail (B. 21). — Sur la jetée du Havre (24), 2e *état;* ens. 4 p., très belles ép. Une *signée* et *timbrée.*

613 — Réflexion. — Jeune Femme à son bureau (B. 25), 2 ép. — Sur la jetée (B. 26). — Pêcheuse de Boulogne (B. 27); ens. 4 p. très belles ép. d'artiste. *3 signées* et *timbrées.*

614 — Femme assise dans un café (B. 34). — Femme sur le pont de l'Europe (B. 37). — Le Duo (B. 41); ens. 3 pièces, très belles ép. *2 signées,* dont une avec dédicace.

615 — Au Coin du feu (B. 44). — Profil parisien B. 50 .
—Une Parisienne (B. 58).—Toto, type de Parisienne
(B. 60); ens. 4 p., très belles ép. d'artiste. *Signées*.

616 — Le Dernier salut, *d'après le tableau du graveur*
(61). — Le Pont de la Tournelle (92 .—Vue de Westminster, 2 ép. d'états différents. — Somnolence 96.
ou Femme endormie. en sanguine; ens. 5 très belles
ép. *4 signées*.

617 — Le Clown (B. *non décrit*), pointe sèche.— La Femme
à la lanterne (*non décrit*. — Marché à Dinan *non décrit*). — M. Munnier (*non décrit*); ens. 4 pièces, très
belles ép. d'artiste. *Signées* et timbrées.

618 — Le Palais de Justice, 2ᵉ *état*. 3 ép. *non décrit* .—
La Partie de dames B. *non décrit* . — Le Pont-Neuf
(*non décrit*); ens. 3 pièces, belles ép. d'artiste. *Signées*.

619 — Jeune Femme de face, adossée à une balustrade,
avec derrière elle la mer et les bateaux *non décrit* .—
La Gardeuse d'oies (*non décrit* .—The Rocking-chair
(non décrit , 2ᵉ *état*, tiré à 3 ép.; ens. 3 pièces, très
belles ép. *2 signées*.

620 — **Goff** (Colonel . Sur la Tamise. — Paysage; ens.
2 pièces, très belles ép., sur japon.

GONCOURT (Edm. de)

621 — Augustin de Saint-Aubin (B. 1 . très belle épreuve de
Bon à tirer. — La Vengeance divine poursuivant le
crime, *d'après Prud'hon* B. 2 , 2 ép. dont une de *Bon
à tirer*. Signée. — Tête d'homme d'après Gavarni
(B. 9 . très belle ép. sur japon. Signée ; ens. 4 pièces.

622 à 627 — **Goncourt** (Jules de . L'Art au 18ᵉ siècle B. 1 .
—Le Ménétrier (Burty 4 , *d'après Saint-Aubin*.—Buste
de femme en manteau de lit (B. 20 . — Trois Têtes
de femmes (B. 22), *d'après Watteau*. — Trois études
de Cupidon (B. 34), d'après Prud'hon. — Vénus au
bain, d'après Boucher (B. 36). *Bon à tirer*. — Fauteuil

de Marie-Louise (B. 40), d'après Prud'hon. — La
Bouquetière Galante (B. 53). — Le Gobelet d'argent,
d'après Chardin B. 58). — Les Aliments de la Convalescente B. 59). — Homme à bicorne appuyé à un
mur (B. 67), d'après Chardin. — Le Maitre à danser
B. 68), 2 états. — La Lecture, d'après Fragonard B.
74). — Les Travaux de la fête de la fédération, *d'après
Debucourt* B. 76). — Masque de La Tour B. 78).
—Voltaire jeune (B. 80), 2 états d'après La Tour; ens.
17 p., très belles ép. d'artiste.

628-629 — Reproductions de dessins du 18e siècle (B. 2).
— Portrait de St-Aubin (Burty 1). — L'abbé Raynal
(B. 13). — Chardin (B. 14). — Tête de jeune fille aux
yeux noirs très vifs (B. 16. — Les Dimanches de
Saint-Cloud en 1762, d'après G. de Saint-Aubin (B. 24).
— Le Café Godet, d'après Swebach B. 31). —
Mlle Meyer, d'après Prud'hon (B. 35) ; ens. 7 p.
une *signée*, très belles ép. d'artiste.

630 — Reproductions de dessins de Gavarni (B. 3). —
Thomas Vireloque (B. 38), très belle épreuve avec dédicace. — Femme endormie sur une chaise B. 48). —
Femme à mi-corps en chapeau (B. 49). — Chanteurs
ambulants B. 55), avec dédicace à Burty. — Frontispice pour la Lorette (B. 63), avant la coupure du cuivre ; ens. 6 pièces.

631 — Eaux-fortes d'après divers (B. 4). — Eaux-fortes
originales (B. 5). — Le Singe au miroir, *d'après Decamps* (Burty 30). — Groupe de Danseurs de cancan,
d'après M. Mès 54). — Mme Lafarge, d'après H. Monnier (B. 69). — Mlle M. (B. 82). — Pantoufle d'Anna
Deslions (B. 10). — Edmond de Goncourt, assis dans
un fauteuil et fumant (B. 59). — Le Pantin de Mlles
Marcille (B. 71). — La Repriseuse (B. 72), 2 états
différents ; ens. 9 pièces, très belles ép. d'artiste.

632 — **Gonzalès** (Eva). Son portrait par elle-même, pointe
sèche, très belle ép.

633 — **Gottlob** (F.) Les Filles la nuit à Paris, lith. in-f°
en hauteur, très belle ép. de 1er état sur chine, avec
dédicace. Signée et datée.

GOYA (F.)

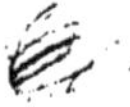

634 — Son portrait, gravé à l'eau-forte par A. Lalauze. —
Autre portrait, par Jules Boilly, d'après Lopez. —
Goya sur son lit de mort, par F. de la Torre Bordeaux,
1828 ; ens. 3 pièces, la dernière très rare.

635 — Planche n° 9 ? des Malheurs de la guerre, très
belle ép. de 1er état, *avant l'aquatinte* Lefort 153 ?.

636 — Una reina del Circo L. 142. Que Guerrero L.
143, 2 pièces, très belles ép. sur japon.

637 — Ménippe *d'après Velasquez* L. 239, très belle ép.
de 1er *état* sur papier ancien.

638 — Esope 240, *d'après Velasquez*, 2 ép. du 1er et 2e
état.

639 — Un Nain assis 244, 2e état, autre Nain feuilletant
un livre (245) ; ens. 2 pièces, très belles ép. d'ancien
tirage.

640 — Vieux moine à barbe blanche, eau-forte, in-18 en
haut., avec le mot *Cari* en haut et à gauche ; très
belle ép.

  Pièce très fine, non décrite.

641 — Un Aveugle chantant, accompagné d'une guitare ;
pièce attribuée à Goya.

642 — Courses de taureaux, suite dite de Bordeaux : El
Famoso Americano Mariano Caballos Lefort, n° 272.
— Le Picador enlevé sur les cornes d'un taureau
(L., n° 273. — Dibersion de España (L., n° 274. 1er
état. — La Division de place (L., n° 275 ; ens. 4 p.,
très belles ép.

643 — **Goya** (D'après). Caricatures espagnoles, par Goya ;
Paris, chez C. Motte, titre et 10 pièces, belles ép.;
ens. 11 p.

> Reproduction de 10 pièces des Caprices, en lithographies
> non signées.

644 — 2 pièces de la suite précédente. — Maja soutenant
un homme, eau-forte de Hirsch, d'après *Goya*, sur
japon ; ens. 3 p.

645 — **Grandville** (J.-J.) Caricatures diverses, 9 pièces,
belles ép., dont 5 coloriées. — Pièces extraites du journal *la Caricature*, 15 pièces, plusieurs coloriées ou sur
chine. — Grande course au clocher académique,
nos 2 et 3, 2 ép. coloriées ; ens. 26 p.

646 — **Grasset** (E.). La Morphinomane, lithographie en
couleurs ; très belle ép., sur chine. *Signée*.

647 — **Van's Gravesande** (Storm). Eaux-fortes originales et pointes sèches : Les Filets, canal près Bus-
hing — En forêt, pointe sèche. — Vieux remparts à
Venloo *B. 71*. — Zaandam *B. 81*. — En Hollande,
les Ramasseurs de pommes de terre (B. 245).

> (Nous joignons une eau-forte : Paysage, croquis
> publ. sous le pseudonyme de baron J. Goethals) ; ens.
> 8 p., 4 en ép. d'artiste. 3 *signées*.

648 — **Gravures sur bois**, 17 pièces, par M. Dumont,
d'Epagnat, Huard, Linton, Porret, Thomson, Leloir,
d'après *Johannot*, etc.

649 — **Greux** (G.). Eaux-fortes, d'après divers : Baie
de Naples, *d'après Galofre*. — La Vierge, *d'après
Memling*. — Voie des fleurs, Voie des pleurs, *d'après
Tissot*. — Le Cerf blessé, *d'après Courbet* ; ens. 4 p.,
belles ép. La 1re avec remarque.

650 — **Grévedon** (H.). Portrait de femme, 1829. —
Bonjour, no 7 (1832), 2 lithographies ; très belles
épreuves.

651 — **Groiseilliez** M. de . Eaux-fortes originales : paysages, marines ; ens. 4 p. Très belles ép. d'artiste sur japon.

652 — **Groux** Henry de . Lithographies originales, en épreuve d'artiste, légendées et *signées*, au crayon, 4 p. Belles ép. sur différents papiers.

> Portrait de Baudelaire (tiré à 25 ép.) — L'Heure des chats-huants. — Ploutocratie. — La Lisière des bois.

653 — Lithographies originales : ens. 5 p. légendées et *signées* sur différents papiers.

> L'Enthousiasme du carnage.— La Lisière des bois.— Ploutocratie. — Quand les bourgeois dorment dans leurs lits... — Le Vaincu...

654 — **Grün**. Portrait de Félix Faure, 2 épr. — Portrait de Monsieur Loubet ; ens. 3 lithographies en couleurs, belles épreuves. *Signées*.

655 — **Gudin** Th . Lithographies originales, 5 pièces. belles épreuves, tirées sur chine.

> Château de Buron (Auvergne), litho. de Engelmann. — Halage d'un bateau de pêche. nº 10.— Naufrage sur la côte, nº 12. — L'Epave, nº 13. — Un Naufrage, nº 14 ; Imprimerie Lemercier.

GUÉRARD

656 — Portrait de Whistler, 1888, très belle épr. d'artiste. *Signée*, timbrée sur vieux papier.

> Nous y joignons une lettre autographe avec croquis, adressée à Monsieur Barrion : ens. 2 pièces.

657 — Gladstone (B. 13), tirée à 4 ou 5 ex. et transformée après en Nordenskiold. — Nordenskiold B. 13, 2 épr. d'états différents sur japon. — Voltaire B. 10 ; ens. 4 pièces, épr. d'artiste. *Signées*.

658 — Henri Guérard, d'après *Gœneutte* (B. 17). — Dix cartes de visite de l'auteur sur une même planche, sujets japonais (B. 18). — Diner Dentu (B. 29 à 34).

7 pièces, dont une double en état différent; ens.
9 pièces, épreuves d'artiste.

659 — Grue sur le Quai d'Orsay (B. 142). — Boulevard
de Clichy, après la pluie (B. 143), 1er état *sur parchemin*. — Moine chantant (B. 182). — Moines buvant (B. 184). — Homme coiffé d'un béret (B. 185).
— Une Négresse (B. 193). — Derrière la barricade
(B. 208); ens. 7 pièces, belles épr. d'artiste.

660 — Un Gréviste (B. 212), 2 pièces d'états différents,
dont un *avant le fond*. — Vieille Marchande d'allu-
lumettes à Londres (B. 214), *état au fond blanc*. —
Mon Singe Bi (B. 240). — Petits Corbeaux (B. 252).
— Cheval de course de face, d'après *Manet* (B. 255);
ens. 5 pièces, très belles épr. d'artiste, la plupart
signées.

661 — Pensées dans un verre (B. 266), belle épr. d'artiste sur japon, *imprimée en couleurs*. Signée. — Au
Jardin : femme peignant au milieu de géraniums et
de roses trémières (B. 440), 6 épr. *montrant les dé-
compositions du tirage en couleurs*; ens. 7 pièces.

662 — Fantaisies funèbres : Les Catacombes (B. 276). —
Le Garrot (278). — La Tête de Mort aux cocottes de
papier (B. 280). — Cadavre couché (B. 281). — Le
Mort, étude (B. 283). — Lettre de faire-part du futur
décès de l'auteur (B. 286). — Tête de Mort dans un
lit, grande pl. in-4º (B. non décrit); ens. 6 pièces,
très belles épreuves.

663 — Départ pour la pêche : Effet de lune (B. 416). —
Bateaux dans le brouillard (B. 419). — Escalier de la
Cale au Pollet (B. 427). — Silhouettes de bateaux
(B. 428). — Diverses (B. 436); ens. 5 pièces, très
belles épreuves. 2 *signées*.

664 — Vive la Fidélité, d'après *F. Hals* (B. 477). —
Paysage de Toscane, d'après *Corot* (B. 483). — Le Bu-

veur d'eau, d'après *Manet* (B. 485). — Marchande
d'allumettes sur le pont de Londres, d'après *de Nittis*
(B. 486). — Un Bar aux Folies-Bergère, d'après *Manet*
(B. 597); ens. 5 pièces, belles épreuves.

665 — **Guerre et Commune** 1870-1871 Pièces noires
et coloriées, par *Pilotell, Faustin, G. Bar, Klenck,
H. Demare, A. Le Petit, G. Corseaux, Fréville,
Saïd, Nix, W. Alexis.* — Portraits des Membres de
la Commune Le Procès de la Commune, compte
rendu des débats du Conseil de guerre , dessins d'*Alfred Le Petit*; ens. 331 pièces en 3 portefeuilles.

666 — **Guillaume** (Edmond). Les Génies de la Mort :
Bismarck, Guillaume. — Le Pape Pie IX. —
Napoléon III, 4 litho. in-folio en couleurs, belles
épreuves.

Pièces curieuses et fort rares.

HADEN (Fr. Seymour)

667 — Habitation de lord Harrington dans les jardins de
Kensington B. 12., très belle ép. sur hollande.

668 — Entrée du château de Mytton Mytton hall (13),
très belle ép. sur japon. Signée (taches d'humidité).

669 — L'Écluse d'Egham Egham Lock 15, très belle
ép. sur hollande.

670 — Invalide de la marine dans le parc de Greenwich
(sub tegmine. Greenwich Park 16, très belle ép. sur
japon taches d'humidité .

671 — Vue prise d'une fenêtre de la maison de l'artiste
(Out of study window 17, très belle ép. sur hollande.

672 — Effet de crépuscule sur la Test (On the test)
(B. 19), très belle ép. sur japon.

673 — Etudes d'arbres dans les jardins de Kensington
(Kensington Gardens larger plate) (B. 26), très belle
ép. sur papier ancien.

674 — Garenne à Combe (Combe bottom) (29), très belle
ép. sur hollande.

675 — Vue à Cranbrook (B. 39), très belle ép. sur hollande.

676 — Coucher de soleil en Irlande (a Sunset in Tippe-
rary in Ireland (B. 44, très belle ép. d'artiste. *Signée*.
sur hollande teinté. (Collection de Goncourt.)

677 — La Tamise à Battersea, vue de la fenêtre de
Whistler (Old chelsea, out of Whistler's window)
B. 45. *1er état* sur hollande. — La même pièce,
2e état, avec le ballon dans le ciel et le singe sur le
parapet; ens. 2 p.. très belles ép. sur hollande.

678 — Maison de Whistler au vieux Chelsea (Whistler's
House. Old Chelsea (B. 47), très belle ép. sur japon
avec l'étoile sur la cheminée.

679 — La Teivy à Newcastle in Emlyn (Newcastle in
Emlyn (55), très belle ép. sur hollande. *Signée*.

680 — La Maison du charron (House of the smith) (56),
superbe ép. sur japon.

681 — L'Abreuvoir à Kenarth (Kenarth south Wales)
(57), superbe ép. sur japon.

682 — Thames Ditton, avec un bateau (Thames Ditton
with a sail (B. 64, superbe ép. sur japon. *Signée*.

683 Le Bac de Brentford (Brentford Ferry (66), très belle
ép. sur hollande. *Signée*.

684 — Un double de même état. *Signée*.

685 — La Promenade au bord de l'eau (the Towing-
Path (67). superbe ép. du *1er état* au trait. *Signée*.

Vente Barrion

1 Louise Abbema P de Baretta + Abraham
Tancrède . Le puit des roches + belle épreuve
en bas.
2 V Adam Le Barre te H.
87 Bourru P d h[grave su bois]
94 Bartholi dit b f. Interieur de mine —
103 Bracquemond   P de Béraré sch —
104   d   de [?]   [?]
113   d   P de Goncourt
115   id d'enfouisseur et l [?]
121   id le perceur et les 2 œufs
124   id La mort de Matamore
133   id Il pleut à verse
140   id Les mouettes
147   id Scene de Don Juan
160   id Le verger
168 Brasdin Rignon de 1re main + la fin
[?] de chaun + l'hiver Roman —
173 J-L Brown le lot 22 p
175 Buhot . V. Hugo + paysag d'ap Knyff
176   id P de Francent. Mouron + Suveron
de l'ancien college Rollin
177   id Perrot [?]
178   id la [?] de nuit + le Reveillon
Pluie + parapluie
[2]04 Claudin d'[?]
218 Remarqua de Embranchment Westminster
226 Caillebote 2 p .

239. Miss Cassatt le lot 3 p.

240. id. Enf. assis sur une [...]

241. id. La bœur du bateau

242. id. 2 p. ff. assise + f. men au bateau

243. id. 2 p. Servant et enf. + Belle repos.

244. id. Les marionnettes

246. id. 2 p. [...] + la cour[...]

247. id. 7 garçon & chien [...]

263. Chaplin D'aubergue + [...] de [...]

273. Corsaire Venus Anadyomène

275. Chauvel

2[..]. Corot Pecq, je crois, d'ap. Corot

318. Daumier [...] portraits le tour a l'[...]

340. id. Ratapoil

344. id. Un charge mal polacci

345. id. Histoire ancienne 10 p.

346. id. Les gens de [...] du g. d'escalier

347. id. [...]

348. [...] Jacquet god

359. id. Rue Transnonain (Burty)

364. id. enfoui Lafayette

365. id. L'imagination de la [...]

[..]0. Degas Danseuse au f. concert

391. id. id.

392. id. id.

3[.]5. Delacroix Ves[...]

403. id. Le cou de [...] les escriveau

[...] [...]

404. Le soufflet

406. Caricature d'artiste 2 p.

430 Mlle Delasalle 2 p. — —
471 Julien 9 de Thisac —
457 Deveria Henry Jamin —
463 id Lelat 7 pièces —
475 Artheu d'Yughera
491 Ja... eson 3 p. —
479 Fantin Son portrait
520 B. Fillou, et Genestoix 8 p —
527 Forain le lot 7 p —
528 id Le goumeux — 5 —
529 id Le quart d'heure de Rabelais 35 —
53. id Claudieuse —
531 id En cabinet particulier — 40 —
532 id Dans le lac —
542 id Francais
566 Lot Garnier et Renaux, autre 7 p —
587 Jouaun ... 9 p 12 —
771 id Lanterne magique 6 —
621 De Gou... aut
622 a 627 id —
6.. Goya Ses portraits 3 p — —
..5 id Mesen de a qu
6.. Une Reine del Circo
6.0 V. moriu
6.1 Aveugle chautant
..5 Guden 5 p
..6 Guerard d'ap Whistler — 15 —
..1 S. Hayden Vieille maison
.14 id Etude de Jamin

69, Bois de [...] St [...]   25[.]
706 newton Manor
707 Les Sau[.]
708 Le presbytère
710 Henis   3 p
737 Helleu Croqui pr la Revue indépendante
777 Hervier 3[.]
778   id   8 p
779   id
784 P. Huet H 12 H 31
791 Isabey Bord Taylor 13 p
793   Titre Revue mensuel y Coter [...]
803 J. Jacquemart Son portrait
794 Israels — Fenêtre
808 Jacquin 4[.]
813 Jeanniot engele et l'escale
816 Jeanron
832 Laing Paysage de l'ile de Pierce
850 Laviron 2 vignettes d'ap[.] [...]oux pr
         l'[...]ayer de Luberon
874 Legros Pr[.] Da[...] 1er [...]
87[8]   id [...] la lecture de l'office
883   id [...] preuve [...]
884 [.] Le foyer + le livre de comptes ap[.]
885 [.] Le [...]grafie
888 [.] Gambetta
892   C de Val Preusop
893   Lightou
896   Mario [...]

910 Lepère Le lot 2 p.   —
911 —   — Le lot 3 p   —
914   —
917   —
920   —
923 — Convalescent
924   3 mois
928   Soir
933 — Lys — La même pièce
941   L'Institutrice de le taureau d'or
943   Cl Marguerite à l'église
942   Cl Fer qui matéri[...] [...]
948   Ch[...]bl[...] titre passage [...]
974 Manet Le guitarrero
975   L[...] Cole — Le toreno
976   [...]ann[...] abs + p[...]h sel
[...]   La toilette Mac[...]
[...]   pétole éta[...] + [...]aux [...]
          [...]
95[...]   [...]cte [...] gu[...] + tragique [...]
980 [...]lle [...] Morize[...] + [...] Gonzalès
982 P. de Bracquemond   —
1100 Mathey M. Mathey [...] + [...] camarade[...]
1[...] [...]Mal [...]   —
1052 Millet [...] [...]
105[...] — [...] précaution maternelle
105[...] — [...]
105[...] — [...]ai [...]
10[...]6 J. Millet

1047 Millet Di[illegible]   12
10,8 [illegible]aielle   1[illegible]
1064 H. Monn[illegible] [illegible]   9
1078 [illegible]   1[illegible]
1099 Nicolas [illegible]   1[illegible]
10[illegible]1   12
10[illegible] [illegible] [illegible]naut [illegible]tom[illegible] 1
1100 [illegible]   1[illegible]
1105 [illegible] [illegible] [illegible]   1
1111 [illegible]   1[illegible]
      [illegible]   [illegible]
1112 [illegible]   1[illegible]
11[illegible] Raffaelli [illegible]   1
1123 [illegible] le [illegible]   1
11[illegible] [illegible]   1
1157 R[illegible]naud [illegible] Etude   1[illegible]
      [illegible] + feuill [illegible]   1
1163 Rivière [illegible] de moutons
1164 [illegible]   1[illegible]
1167 [illegible]   1[illegible]
1176 Roth[illegible] [illegible]   1[illegible]
      [illegible] Jahn [illegible]   18
1204 [illegible] Marcel [illegible]
1207 [illegible]   1[illegible]
      [illegible] + [illegible] + [illegible]   14
      [illegible] [illegible] 3p   14
1217 [illegible] le lot   14
121[illegible] [illegible]   14
12[illegible] D Vierge d[illegible]   1[illegible]
1276 Vogel Mourguetau[illegible] — — —   1[illegible]

1277 Vogeler (Allemand) 4 p ———— —
1278 Vollon
12[**] Walter l'étude [...] [...]
1280 Whist [...] [...]
1292 [...] Reading by [...] p[...]t
12 4 [...] [...]
1[...] [...] B[...] [...]
1303 [...] [...]
130[9] ? [...]bar[...]
1310 ? Amsterdam
[1]311 [...]
1[...] [...]
1[...]5 [...] —
1[...]8 . [...] stall
1[...] [...]
13[...] [...] d[...] à l'ant[...]
13[...]0 [...] la blan[...] [...] de proc[...]
            + out su[...] [...]
1[...] Villa[...]
1[...]6 [...]
1[...]3[...] [...]
137[9] Dessin ? f[...] Rowl[...]s[...]t
      Vattier ? [...]
1405 Audrieux [...] patriote de 1793 —
1413 Boulogne [...] [...]
1415 - M. Butin Paysanne —
1416 - Camou aquarelle
1426 - Daguerre
1436 - Dutilleux les pêcheur à Alger
1448 Gaillard l'étoup [...] —

1459 Guesdou Denf... d'a. Architecture
1462. C. guijo. ait... K

[illegible]

30

30

686 — La même pièce. superbe ép. du *2ᵐ état*, terminée, sur hollande. *Signée*.

687 — Vue de Shepperton Shepperton, B. 71), très belle ép. sur hollande.

688 — Kew sur la Tamise Kew side; Kew 73., très belle ép. sur japon *planche détruite*.

689 — Coucher de soleil sur la Tamise Sunset on the Thames 83), superbe épreuve du *2ᵉ état*, sur hollande.

690 — Les Mains qui gravent Hands etchings. O Laborum dulce lenimen) 84 , très belle ép.. sur hollande.

691 — Vieille maison à Willesley old Willesley House, (91 , très belle ép., sur hollande *Signée*.

692 — L'Eglise de Twickenham Twickenham church, (95 , très belle ép., sur hollande.

693 — Les Marais d'Erith Erith Marshes, Marshes opposite Erith) 192', très belle ép., sur hollande. *Signée*.

694 — Etude de Sapins Firs, a study. 113 , très belle ép. sur vélin. *Signée*.

695 — Baie du Mont-Saint-Michel Mount's Bay,. (114). très belle ép., sur hollande. *Signée*.

696 — Le Troupeau de daims The herd; Werrington, 115, très belle ép. sur hollande.

697 — Les Trois sœurs, étude d'arbres the three sisters) 116', très belle ép., sur papier ancien.

698 — Le Pont de Battersea Battersea bridge) 120,, très belle ép. sur hollande. *Signée*.

699 — Auberge à Purfleet The inn, Purfleet 122). 1ᵉʳ *état*, sur hollande. *Signée*.

700 — Le Vieux vaisseau l'Agamemnon breaking up of the Agamemnon) 128 . ép. de *2ᵉ état*, sur hollande, *signée et légendée par l'artiste*.

701 — Brick à l'Ancre (A brig at anchor) (B. 130), très belle ép., sur hollande.

702 — L'Abbaye de Sawley (Sawley Abbey) (131), très belle ép. du 2e *état*, avec le chien et les roseaux effacés, sur hollande.

703 — Harlech (B. 137), très belle épreuve de la planche *terminée à la manière noire*, sur hollande teinté.

704 — Les Mains qui gravent à la pointe sèche (hands dry pointing) (143), très belle ép., sur holl. *Signée*.

705 — Le Petit pêcheur (Ye compleat angler) (149), très belle épreuve, sur japon. *Signée*.

706 — Manoir de Newton (Newton Manor) (B. 157), *3e état* terminé avec le Yacht, les trois biches et la tête de cerf très poussée, sur hollande, *signée*.

707 — Les Saules (The Willows) (164), 1er *état* avant les brebis, très rare. Superbe épreuve, sur hollande. *Signée*.

708 — Le Presbytère (The Vicarage) (B. 167), très belle épreuve, sur hollande. *Signée*.

709 — Porte du Château à Burgos (Grim Spain) (168), très belle épreuve, sur japon fort.

710 — Un double, du même état, sur japon pelure, (taches d'humidité).

711 — Portrait de l'artiste gravant (*F. Seymour Haden ad. vivum delineavit 1862* (*B. non décrit*, Drake 188, très belle épreuve sur hollande. *Signée*.

712 — Le Château de Coudray, avec des oies (Coudray Castle, with geese) (B. 195, Drake 216), très belle épreuve sur hollande (avec seulement 2 oies). *Signée*.

On voit encore la trace des autres oies effacées de l'état précédent.

713 — La même pièce, épreuve sur vélin probablement tirée sur le galvano, *la trace des oies effacées a disparu*.

714 — **Hanriot** Jules. Le Bon bock, *d'après Manet*. — Femme du Pollet, *d'après A. Vollon*. — Sur la plage, au bois, le bal, trois croquis originaux sur une feuille sur japon. Signés. — La Source, *d'après Henner*. — Femme arabe, *d'après Benjamin Constant*. — Baigneuse, *d'après Jules Lefèbvre*; ens, 6 pièces, très belles ép., *une signée*.

715 — **Hédouin** Ed. L'Agriculture B. 22. — Les Glaneuses à Chambaudoin B. 24, *deux eaux-fortes d'après ses tableaux*, belles épreuves avant la lettre. — **Harpignies** H. Marécage *L'Artiste* avec lettre. — **Henriet.** D' La Barque du Dante, *d'après Delacroix*, eau-forte, très belle ép. sur chine ; ens. 4 p..

716 — **Heins** A. Croquis de lions et de lionnes. — A Meudon. — Deux Jeunes filles ; ens. 3 p. très belles ép. d'artiste sur hollande. *Signées.*

HELLEU PAUL

717 — L'Aiguille, in-4° en haut., très belle ép., sans marges.

718 — Après la séance, lith. en couleurs in-f° en hauteur, très belle épreuve en sanguine et teinte, texte coupé. Affiche de Edmond Sagot. — La même pièce, très belle épreuve en couleurs, tirée *avant la lettre* ; ens. 2 p.

> Très rare avant lettre.

719 — La même pièce, superbe épreuve *d'essai*, avant toute lettre, tirée en ton vert et rouge.

> Extrêmement rare et belle en cette condition.

720 — A Quatre mains, in-f° en haut., superbe épreuve de premier tirage. *Signée.*

> Reproduite dans le Catalogue des pointes sèches.

721 — Aux écoutes, in-f° en haut. sur hollande. Signée.

722 — Cinq Têtes de femmes, lith. en couleurs, in-f° *en largeur*, très belle ép. sur chine. Signée et numérotée.
> Tirée à 20 épreuves

723 — Cinq Têtes de femmes, lith. en couleurs. in-f° *en haut*. très belle ép. sur chine.

724 — Les Crinières. in-f° en hauteur, très belle ép. sur hollande. *Signée*.

725 — Croquis de dame agenouillée et allongée sur un canapé ; très belle ép. sur whatman. *Signée*.
> Reproduite dans le Catalogue des pointes sèches.

726 — Dame assise à l'éventail blanc ouvert, in-4° en haut, très belle ép. *Signée*.

727 — La Dame au Collier de velours noir, *accoudée* et couchée sur un canapé. in-f° en larg., très belle ép. *Signée*.

728 — Dame au collier de velours *couchée*. les bras allongés sur un canapé : in-f° en largeur ; très belle ép. sur whatman. Signée.

729 — L'Écossaise. in-f° en largeur, très belle ép. sur whatman. Signée.

730 — La Démangeaison, in-4° en haut., très belle ép. sur hollande. *Signée*.

731 — Les Dessins de Watteau au Louvre ; superbe ép. du *premier tirage*. *Signée*.

732 — Deux Études de femmes assises, de dos ou de profil à droite. devant une cheminée, in-4° en haut., très belle ép. *Signée*.

733 — Devant la cheminée (femme agenouillée), petit in-folio en haut, très belle ép. Signée.

734 — Dormeuse (23 juillet), in-4° en larg., très belle ép. sur japon. *Signée.* — Dormeuse de face en raccourci ; ens. 2 pièces, très belles ép. *Signées.*

735 — Ellen assise, coiffée d'une capote Greenaway, in-4° en haut. — Ellen assise dans un fauteuil ; ens. 2 p., très belles ép. Signées.

736 — Ellen cousant, in-4° en haut., ép. sur japon ancien. Signée. Ép. unique, planche détruite. Ellen et Jean sur ses genoux, in-4° en haut.; ens. 2 pièces, très belles ép. Signées.

737 — Étude de femme en buste, bras croisés derrière le dos, in-4° en haut. Signée. — Études de femmes, reproduction de 3 croquis *Revue indépendante* ; ens. 4 pièces.

738 — Femme se chauffant, gr. in-4° en haut., très belle ép. sur whatman. *Signée.*
Reproduite dans le Catalogue des pointes sèches.

739 — Jeune femme au guéridon, avec les danseurs, groupe en Saxe, in-f° en haut., imp. en sanguine. *Signée.*

740 — Jeune femme aux deux médaillons; in-f. en haut., très belle ép. sur papier ancien. *Signée.*

741 — Jeune femme à la barre ; in-4° en haut., très belle ép. sur whatman. *Signée.*

742 — Le Repos, très belle ép. sur hollande. *Signée.*

743 — Jeune fille en chapeau de paille. — Liseuse ; ens. 2 pointes sèches, in-4° en haut., belles ép. *Signées.*

744 — Liseuse au groupe de danseurs en Saxe et au croquis de Watteau, in-4° en haut., très belle ép. sur hollande. *Signée.*

745 — Madame Ch.... boa noir et chapeau marquis, superbe ép. sur whatman. *Signée.*

746 — Ma fille Ellen, in-f° en haut.. très belle ép. sur
whatman. *Signée*.

Reproduite dans le Catalogue des pointes sèches.

747 — Madame Helleu allaitant son bébé, litho. *en couleurs*, in-f° en haut., très belle ép. sur chine.

748 — Madame H... assise devant un guéridon, gr. in-4°
en haut., très belle ép. *Signée*.

749 — Madame H..., croquis en buste de face, in-4° en
haut. — Madame H.... le visage dans la main gauche,
in-4° ; ens. 2 p., très belles ép. Signées.

750 — Mademoiselle L... la lionne. in-f° en haut.. superbe ép. sur whatman. Signée.

751 — Madame X..., de face, chapeau demi-amazone,
assise, in-4° en haut., très belle ép. Signée.

752 — Par la fenêtre, pointe sèche. gr. in-8° en haut, très
belle ép. sur hollande. *Signée*. — Petite fille couchée
sur un canapé. bras allongés au-dessus de la tête, in-
folio en largeur. très belle ép. sur japon. Signée: ens.
2 pièces.

Pièces anciennes et très rares.

753 — Planche d'études comprenant 9 croquis : au centre
une jeune femme couchée : à droite. Liseuse, vue
de dos, coiffée d'un canotier : in-folio en larg., en
sanguine. *Signée*.

Tirée à 2 épreuves.

754 — Planche d'études, gr. in-4° en larg.. comprenant
6 croquis de femmes, vues de dos ou de profil. dont
l'une met son chapeau devant une glace : très belle
ép. sur holl., légendée. 1re *épreuve et signée*.

755 — Portrait d'Ellen Helleu (en buste. de face, cheveux bouclés), lithog. *en couleur*, très belle ép. sur
chine.

756 — Portrait de M. L. Dumont, éditeur et marchand d'estampes, très belle ép. sur hollande.

> Rare.

757 — Portrait d'Edmond de Goncourt, 1re *épreuve* avec note autographe d'Ed. de Goncourt :

> « Pointe sèche faite par Helleu, d'après ma personne en janvier 1894, belle ép. *Signée.* »

758 — Portrait du peintre Etienne Moreau : Nélaton avec sa fille, in-fol. en haut, très belle ép. sur holl. *Signée.*

> Avec les mentions autographes suivantes : « Mon ami, tirée à 7 épreuves, épuisée, très rare ; c'est la dernière ».

759 — **Portrait de Whistler**, pointe sèche datée 12 mai 1897, très belle ép. sur papier ancien verdâtre. *Signée.*

> Excessivement rare, tirée à 24 épreuves.

760 — Quatre têtes de femmes, lithographie en couleurs, in-folio en haut, très belle ép. sur chine. *Signée* et numérotée.

761 — La Rentrée, pointe sèche, gr. in-8° en haut, très belle ép., sur holl. *Signée.*

762 — La Revue de l'Epoque, lithog. en couleurs, très belle ép. *avant la lettre.*

> Tirée à cent épreuves, rare.

763 — Songeuse, gr. in-8° en larg., très belle ép. sur holl. *Signée* et numérotée 6e *épreuve.*

764 — Sous la cheminée pointe sèche, in-fol. en haut, très belle ép., sur holl. *Signée.*

765 — The Studio, très belle ép. sur holl. Signée.

766 — Les Tanagras du Louvre, in-folio en haut., superbe ép. imprimée *en couleurs. Signée.*

767 — La Tasse, superbe épreuve sur holl. légendée, 1re *épreuve* et *signée.*

> Reproduite dans le Catalogue des pointes sèches.

768 — Tête de femme de face, ramenée sur l'épaule, le menton appuyé dans la main droite et regardant à gauche, très belle ép. sur vélin. *Signée.*

Reproduite dans le Catalogue des pointes sèches.

769 — **Henriquel-Dupont**. Le Comte de La Riboisière et son fils, *d'après Gros*, très belle épreuve d'artiste, sur chine. — Portrait d'Hussein Pacha, *d'après Champmartin* (B. 30), très belle épreuve d'artiste, sur chine ; ens. 2 pièces.

770 — Le Marquis de Pastoret, d'après Paul Delaroche, très belle ép. d'un *état non décrit*, intermédiaire entre le 3e et le 4e *avec le front blanc et sans l'indication du fond.*

770 *bis* — Le même, très belle ép. d'artiste, sur chine, avant toutes lettres (B. 54).

771 — Portrait de Bertin aîné, d'après Ingres (B. 67), très belle ép. d'artiste sur chine. Signée. — Sauvageot (84), très belle ép. d'artiste ; ens. 2 p.

772 — Une École turque, d'après Decamps (B. 48), sur chine. — Cromwell devant le cercueil de Charles Ier, d'après Paul Delaroche (B. 41). — Portrait de Montaigne (21), ép. d'artiste sur chine. — Carle Vernet (52), ép. sur blanc de l'état terminé ; ens. 4 p., très belles ép., 3 avant la lettre.

773 — **Herkomer** (H.). Portrait de fillette à mi-corps, robe blanche, cheveux tombant sur les épaules ; sur hollande. Signée. — Welsh woman, en bistre sur hollande. Signée ; ens. 2 pièces, très belles épreuves.

774 — Portrait de Tennyson, eau-forte, très belle ép. d'artiste, sur hollande. *Signée.*

775 — **Hervier** (P.). Croquis de voyage de 1843, gravés sur acier (B. 1), 9 pièces, chez Alexis Febvre. — Eaux-fortes diverses, 1840-1875. Maisons de village (B. 1). —

Paysanne fouettant un enfant (B. 5). — Paysanne donnant à manger à des poules (B. 19) sur la même planche. — Barques de pêche (B. 14). — Marché Normand
(B. 43). — Petites pièces (B. 22 et B. 23), avec une va-
riante de cette dernière. — Femme fouettant un enfant (B. 26). — Vue de maisons et 2 moulins (B. 24);
ens. 18 p. très belles ép. d'ancien tirage, quelques-
unes sur papier de chine.

776 — Bateaux de pêche, 2 ét. (B. 32). — Croquis (B. 33).
Femme tenant une raie (B. 36). — Femme avec charrette à bras, portant un enfant (B. 39). — Une Barque
à marée basse (B. 56). — Pièces non décrites : Cour
de maison normande, vue d'un jardin, femme de dos
gravissant l'escalier entre deux arbres; de chaque côté
volaille et 3 porcs, dont 2 pas très visibles; à gauche,
canards au bord d'une mare. Eau-forte et vernis mou,
in-4° en largeur. Signée au bas et à droite, 2 ép. — Intérieur normand, in-32 en hauteur. — Homme coiffé
d'un bonnet de coton tenant dans ses bras un enfant,
dont une petite fille tire les langes; au fond, vieille
femme surveillant le pot-au-feu: ens. 8 p., belles ép.

777 — Barils et poissons sur un quai, litho. grand in-4 en
largeur. — Vieilles maisons et 3 barques à marée
basse, grand in-4° en hauteur. Signée et datée 1848.
— Débarquement de poissons. Signée C.-J. Hervier,
1850, in-fol. en hauteur sur chine, ens. 3 p., belles ép.

778 — Lithographies originales, suites ou pièces imprimées par Becquet frères ou sans nom d'imprimeur :
suite de Lebrasseur, n°s 5 et 9 (B. 85 et 89), plus 4 p.
de cette suite, épreuves *avant toute lettre* sur chine.
Barque à marée basse près de 2 moulins, in-8° en larg.
1850. Cour de ferme avec une femme et 2 enfants et
des poules, ép. d'essai, in-4°, en haut, *avant toute lettre*; ens. 8 p. très belles épreuves.

779 — Lithographies originales : suites ou pièces imprimées par Bry, 12 p. sur chine, numérotées 1 à 12, plus
les nᵒˢ 2, 6, 8, 13 et 14 d'une autre série. — Vieille
femme tirant au puits. — Vieille femme lavant son
linge, 2 p., non numérotées, sur chine.

> Nous y joignons une lithog. de Bargue, *d'après Hervier*,
> Petite rue du Port. Environs de Morlaix ; ens. 20 pièces.

780 — **Houdard** (Ch.). L'Étang. ép. signée et numérotée
5/50 — Grenouilles et roseaux. — Moulins à Dor-
drecht ; ens. 3 p., impr. en couleurs.

781 — Clair de lune sur la Bresle (nᵒ 2/50). — Anciennes
jetées du Tréport. — Bords de l'Oise à Précy, sur
japon (nᵒ 1/10) ; ens. 3 eaux-fortes, belles ép. imprimées en couleurs. Signées.

782 — **Huard** (Ch.). Une Rue à Granville, eau-forte originale. sur papier ancien. *Signée.* — Étude de chemineau. lithographie sur japon ; ens. 2 p., très belles ép.

783 — **Huet** (P.). Eaux-fortes, par Paul Huet. Album de
24 eaux-fortes, très belles épreuves d'artiste sur
chine. — **Suite de 6 eaux-fortes** et un titre B. 58-
64. Eaux-fortes diverses (B. 70-86).

784 — Lithographies originales : Le Crépuscule (Hediard
nᵒ 12, 1ᵉʳ état). — Maison de campagne (H. 25). —
Environs de Rouen (H. 31). 2ᵉ état ; ens. 3 p., très
belles ép. sur chine.

785 — **Ibels** (H.-G.). Le Programme du Théâtre libre.
titre et 17 pièces lithogr. coloriées, en double état,
avant et avec la lettre. — Titres de morceaux de musique, litho. de l'*Escarmouche*, etc. ; ens. 35 p.

786 — **L'Illustration nouvelle** par une Société de pein-
tres-graveurs. — Fondation du 1ᵉʳ avril 1868. — Collection complète. de la 1ʳᵉ année 1868 à la 13ᵉ année

incluse 1881 ; 583 planches sur 584). numérotées de
1 à 584 : ens. 13 années en portefeuille.

> Manque l'eau-forte n° 91 de *Rops*, *Métella*, publiée sous le
> pseudonyme de *J. Clarence* dans la 3ᵉ année. La 1ʳᵉ année,
> 1858, commence au 1ᵉʳ avril et contient 37 pl. seulement.
>
> Belle publication comprenant des eaux-fortes des artistes
> les plus célèbres : Bracquemond, Legros, Jacquemart, De-
> taille, Feyen-Perrin, Maxime Lalanne, de Schennis, Martial
> Courtry, Chauvel, Chifflart, Lalauze, Buhot, Legros, Casa-
> nova, Taïée, de Rochebrune, Coindre, V. Hamel, J. Adeline.
> Leloir, Goeneutte, etc., etc.

787 — **Isabey** (J.-B.). Caricatures, suite de 12 pièces,
in-4° en larg., lithogr. coloriées *Hédiard*, n°ˢ 2 à 13 .

> Manque le n° 6. (Hédiard n° 7.)

788 — **Isabey** (Eug.). Souvenirs d'Eug. Isabey. 1832
(B. 1 à 7). — Vue de Caen (n° 2 . — Vue de Rouen
(n° 3). — Souvenir de Bretagne, en hauteur (n° 4),
2 ép. — Souvenir de Bretagne, en largeur n° 5 : ens.
5 pièces, belles ép. sur chine.

789 — Six marines (B. 8 à 14 : Intérieur d'un port B. 8 ,
2 ép., dont une de 1ᵉʳ tirage avec le timbre sec de
Morlot B. 8 . — Marée basse B. 9). — Radoub d'une
barque à marée basse (B. 11). — Environs de Dieppe
(B. 12 . — Souvenir de St-Valéry-s.-Somme B. 13 :
ens. 6 pièces, dont 5 de premier tirage.

790 — Retour au port B. 15). 2 ép. dont une de 1ᵉʳ
tirage avec le timbre sec de Morlot, l'autre avec le
n° 7, belles ép. sur chine.

791 — Planches pour l'ouvrage du baron Taylor : Auver-
gne, suite complète de 13 pièces, très belles ép. sur chine.

792 — Marée basse. 1ᵉʳ essai fait à la manière noire, très
belle ép. sur chine : croquis par divers artistes, suite
complète des 11 lithog. d'Eug. Isabey ; ens. 12 pièces.

793 — Pièces non décrites : Les Smogleurs, par Edouard
Corbière (*Revue Maritime*), très belle ép. sur chine.

avec, à côté *un croquis de bateaux effacés.* — Côte
Bretonne, 2 barques à marée basse dont une déchargée
de colis qu'on voit à côté, grand in-8° en larg., très
belle ép. d'essai avec 2 croquis dans la marge inférieure et de droite. — Trois barques dans une rivière;
sur la rive 3 moulins à vent, très belle ép. sur chine,
d'après Isabey ? ens. 3 pièces.

794 — **Israëls** (J.) Fenêtre derrière laquelle on aperçoit
une femme debout avec un enfant dans ses bras ; sur
hollande.—Le Petit Bateau; 2 ép. d'impressions différentes, l'une claire et l'autre foncée, sur hollande. —
Enfants épluchant des pommes de terre, ép. d'artiste,
sur hollande. — Mère et enfants : elle marche dans
l'eau accompagnée d'un garçonnet qui tient sa robe,
et elle porte l'autre enfant sur son dos ; devant eux,
un petit bateau ; pièce in-fol. en haut., très belle
ép. sur hollande ; ens. 5 pièces, 2 *signées* et imprimées par l'artiste.

795 — Pêcheuse assise, une hotte sur le dos, sur hollande.
— Intérieur de pêcheur avec un homme couché et
une femme raccommodant un filet, sur hollande. —
Paysanne rentrant des champs, avec une hotte sur le
dos, sur japon. — Vielle femme coiffée d'un bonnet
blanc couvrant les cheveux, sur hollande. — Petite
fille le pied appuyé sur une bêche, sur hollande ; ens.
5 pièces, très belles ép. *Signées* G. Israëls sc. pr.

JACQUE (Ch.)

796 — **La Bergerie** (G. 161), in-fol. en largeur, superbe
ép. d'artiste. *Signée, avec dédicace à Mène.*

797 — Bois gravés d'après les œuvres de Ch. Jacque :
Lisière d'un bois, par Boetzel. — La Porcherie, par
Lavieille. — Troupeau de vaches au pâturage. —
Avril, tête de page (Ép. d'État). — La Veillée, par
Rouget. — Les Douze Mois, gravés par *Ad. Lavieille,*

suite complète de 12 pièces, très belles ép. (plus une
double : janvier avec le texte) ; ens. 15 pièces, 3 en
ép. d'essai.

798 — Les Chanteurs (Guiffrey nᵒ 25), très belle ép. d'artiste *avant le nom et l'adresse de l'imprimeur.*

    Rare.

799 — L'Abreuvoir aux moutons (B. 457), superbe ép.
d'essai sur parchemin, légendée et signée.

800 — **Intérieur de Bergerie** (G. 445), in-folio en
hauteur, très belle ép. avant lettre. *Signée.*

801 — Les Malades et les médecins, suite complète de 24
lithographies, belles ép. de tirage à part.

802 — Partie de son œuvre gravé, eaux-fortes, pointes
sèches, etc. ; ens. 84 pièces (sera divisé. — Le Pêcheur,
lithographie (G. 471).

803 — **Jacquemart** J.. Son portrait ; fac-similé d'a-
quarelle, par Ed. Lièvre, in-fol. en haut. (B. non
décrit).

804 — Aiguière à grotesques d'Urbino (Gonse 5). — Objets
curieux de la Chine et de la Perse G. 14. — Guy
Mergey (G. 26. — La Canne de M. de Balzac (G. 27,
sur japon. — Jacob Van Veen (G. 277). — Elisabeth
de Valois, reine d'Espagne (G. 284). — Le Premier
Baiser (G. 290. — Le Liseur, *d'après Meissonier*
(G. 297 ; ens. 8 pièces, dont 4 d'artiste.

805 — L'Infante Isabelle d'après *Simon de Vos* G. 287,
très belle ép. d'artiste sur parchemin. — Le Joyeux
compagnon, d'après Franz Hals (G. 291, très belle
ép. d'artiste sur parchemin. — Bords de la Meuse
(Marine, *d'après Van Cappelle*, très belle ép. sur
hollande, avec dédicace. Signée ; ens. 3 pièces, belles
épreuves.

806 — Défilé à Nancy (G. 312), ép. d'État sur chine avant
la remorsure. — La même pièce, ép. d'artiste sur
hollande, après la remorsure.

807 — Portraits : Thoré (G. 374). — Richard Wallace,
d'après Baudry (G. 376). — Maître Allou (G. 389), sur
japon, avec dédicace, signée et datée 77 ; ens. 3 pièces,
très belles ép., les 2 premières sur hollande.

808 — **Jacquin** (A.) Eaux-fortes originales, 4 pièces,
très belles ép. *Signées*, une en couleur.

> La Barrière, en couleur (tirée à 25 ép.). — Petite Pleureuse
> tirée à 2 ex. n° 2). — Une Tannerie sur la Bièvre (n° 2/5)
> sur japon. — Au Bord de la Seine (tirée à 5 ép.)

809 — **Jasinski** (F.). L'Amant de la lune (B. 10), d'après
Montégut, très belle ép. de remarque sur parchemin.
Signée du peintre et du graveur. — Vittoria Colonna,
d'après Jules Lefebvre (B. 11), très belle ép. de remarque sur japon. *Signée*; ens. 2 pièces.

810 — Le Printemps, *d'après Botticelli*, superbe épreuve
d'artiste avec remarque. Signée.

811 — **Jeanniot** (G.). Bataillon en marche, eau-forte
in-fol. en larg., très belle épreuve signée et numérotée
8/25. — Jeune Garçon, in-4° en hauteur, n° 5/8. —
L'Armoire à glace, in-4° en haut., n° 1/2; ens. 3 pointes
sèches, très belles ép. signées et numérotées.

812 — Les Miséreux aux Halles, in-4° en haut., 2° état
(n° 5/25) sur hollande. — Soldats, planche de 5 croquis, dont une main, in-8° en haut., sur japon. —
L'Entracte, programme de la pièce, pointe sèche in-8°
en larg., signée et datée 1879. — L'Enlèvement des
terres, pointe sèche, in-8° en larg. sur hollande; ens.
4 p., très belles ép., la première signée.

813 — Bois originaux imprimés en couleurs : Angèle,
sur japon. Signée, n° 6/25. — L'Escalier, sur japon,
n° 4/25; ens. 2 p., très belles épreuves.

814 — **Jeanron** (André). Eaux-fortes originales ; 9 pièces,
très belles épreuves d'artiste, format in-4°, sur hollande.

> Buste de vieille femme à bonnet blanc et portant des
> lunettes, en haut. — Etude d'âne portant une selle, en larg.
> — Autre étude d'âne portant un cacolet, en haut. — Ane
> chargé de bachoues, en larg. — Moulins à Montmartre, en
> larg — Vieux moulin et chaumière, 2 états différents, dont
> un avec fond d'aquatinte, en larg. — Deux enfants, dont un
> assis buvant à une gourde, en larg. — Croquis de Paysannes
> et Paysans, en larg.

815 — **Jeanron** (P.-A.). D'après nature, le 28-Juillet
(Les Glorieuses) (B. 1). — Il meurt d'inanition (B. 3).
— Les Hirondelles (B. 7). — Lithographies, *non
décrites* : feuille de 3 croquis, paysanne portant une
cruche, tête d'écossais, tête de fillette en bonnet noir.
— Le Buveur, homme en gilet noir, assis, accoudé
sur une table. — Buste d'homme coiffé d'un tricorne.
Liseur assis, manière noire, in-12. — Liseur debout,
coiffé d'un tricorne et tenant une canne, gr. in-4°. —
Femme nue couchée, in-4°. — Pêcheuse, les bras rele-
vés sur la tête, in-4°. — Moutons, 2 pl., dont 3 ép. de
l'une. — Mouettes à terre. — Un canot à rameurs. —
Chèvre accroupie, 2 études. — Portrait de Jeanron
fils, par Mlle Audiat, *d'après Jeanron*. — Tête de jeune
fille coiffée d'un fichu blanc ? d'après Jeanron. —
Plus 2 pièces lithographiées d'après Jeanron ; ens.
22 p., très belles épreuves.

> Nous y joignons le manifeste de Jeanron en 1848, le
> prospectus de l'Histoire pittoresque des religions, et 2 bois
> d'après Jeanron.

816 — Trois têtes d'étude (B. 12). — Femme demi-nue
portant une amphore (B. 15). — Femme tenant une
palette et des pinceaux (B. 16). — Le Petit Pâtre, in-8°
en larg. (La Liberté, revue des arts). — Carrière de
pierres au bord de la mer, petit in-fol. en larg. —
Tête d'homme coiffé d'un capuchon à mante, tirée à

4 ép. — Pêcheurs, croquis d'homme avec chien. — Chemineau et son chien. — Les Contrebandiers, avec 2 autres petits croquis sur la même planche. — Rivière au bord d'une usine avec pont et cheminée, 2 petites filles. — Femme portant un pain et une cruche, 2 paysans et un enfant assis au bord d'une mare. — Reconnaisance d'un mort. — Petite étude de femme nue couchée, in-32 en larg. ; ens. 16 p., belles ép. provenant de la vente Burty, la plupart non décrites.

817 — **Johannot** (Alfred et Tony). Vignettes pour Walter Scott, gravées à 2 sur une planche, 12 sujets en 6 feuilles sur chine. — Madame de St-Aignan, par Koening, *d'après T. Johannot*; ens. 7 p.

818 — Lithographies originales : Etude, portrait d'homme, 2 pièces *publiées chez Motte*, par Alfred. — Au meurtre ! au meurtre ! criait la malheureuse bohémienne N.-D. de Paris', par Tony Johannot; ens. 3 p., très belles ép. sur chine.

819 — **Jongkind** (J.-B.'. Démolition de la rue des Francs-Bourgeois-St-Marcel, sur japon (B. 8). — La même pièce, ép. d'artiste sur hollande avec dédicace : A mon ami Delatre, Paris, 5 avril 1873. J.-B. Jongkind. — Canal de Hollande près de Rotterdam B. 16', ép. d'artiste sur holl. avec dédicace : A Monsieur Martin, souvenir de Hollande, Paris, 21 février 1868.— Moulins en Hollande, 1868 (B. 17) sur chine; ens. 4 eaux-fortes, très belles épreuves.

820 — **Jourdain** (Francis'. Eaux-fortes originales, 4 p. sur différents papiers, très belles épreuves dont 3 imprimées en couleurs, numérotées et signées.

Femme de jadis, n° 28/30. — Les Falaises, n° 8/20. — Les Trottins en causerie, n° 4/15. — Environs de Blois, croquis, n° 7/10.

821 — **Juhel**. Au Rendez-vous des bons enfants, lith. in-f° en larg., superbe *ép. d'essai*. — Croquis fantastiques, 2 feuilles in-4° en larg.; ens. 3 pièces.

822 — **Juillerat** Etude de femme, lith. au lavis (tirée à 15). Très belle ép. sur japon pelure. — **Kretz.** Les deux Curés Simonin et Grandjean), lith., très belle ép. sur chine; ens. 2 p.

823 — **Koepping** (Ch.). Le Connétable de Bourbon, *d'après Rembrandt* (B. 16), très belle ép. avant la lettre, sur japon.

824 — Lucrèce, *d'après Rembrandt* (B. 11), ép. d'artiste sur japon. — Son portrait en 1896, eau-forte originale, in-32 en haut. sar japon. Signée. — Ménade, eau-forte originale, in-4° en haut., sur chine. signée, tirée à 20 ép. — Tristesse, eau-forte originale, in-4° en haut., sur japon, signée, tirée à 17 ép.; ens. 4 p., très belles épreuves.

825 — Le Mont-de-Piété (B. 23), eau-forte, *d'après Munkacsy*, très belle épreuve avant la lettre, sur japon.

826 — Pierrette, *d'après G. Clairin*, très belle ép. d'artiste sur japon. *Signée*.

827 — **Kratké** (L.). La Baratteuse (B. 16), *d'après J.-F. Millet*, très belle épreuve d'artiste sur japon. Signée. — **Jacquet** (Jules). L'Aurore, *d'après Jules Lefebvre*, belle ép. sur chine; ens. 2 p.

828 — **Laffitte** (A.). Le Soir à Onival, très belle ép. en couleurs. *Signée* et numérotée 42/60.

829 — **Laing** (F.). Eaux-fortes originales: Sur Broadway, in-8° en haut., n° 7. — Les deux Moulins à Charenton, in-4° en larg. — Avenue de St-Cloud, n° 9, in-8° en larg.; ens. 3 p., belles ép. *Signées*.

830 — Eaux-fortes et pointes sèches originales: Coucher de soleil sur le Tay (Ecosse), n° 2, in-4° en larg. —

L'Embarcadère à Anvers, n° 8, in-4° en larg. — Sur
l'Escaut près d'Anvers, n° 14, in-4° en larg. — La
Cathédrale d'Anvers, ép. n° 9, in-4° en haut. — Vue
générale d'Anvers, n° 3, in-4° en larg. — Le Bassin
de la Campine à Anvers, n° 11, in-4° en larg. — Le
Grand bassin à Anvers, n° 8, ép. in-4° en larg.; ens.
7 p. sur différents papiers. *Signées.*

831 — Entrée du Jardin du Luxembourg par la rue de
Fleurus, pièce ovale in-4° en haut. — L'Église Saint-
Étienne-du-Mont, à Paris, 1ᵉʳ état, n° 5, in-4° en
haut. — Quai de la Rapée, à Paris, in-8° en larg. —
Auteuil-sur-Seine, près Paris, in-8° en larg.; ens. 4
pièces, eaux-fortes et pointes sèches, très belles ép.
Signées, sur différents papiers.

832 — Le Phare de l'Ouest, à Taiport, en Écosse, tirée à
3 ép., n° 3. — Rue du Commerce, à Dundee, en
Écosse, n° 2/12, gr. in-8° en haut. — Paysage écos_
sais, n° 3, in-8° en larg. — La Rue du Château Saint-
Andrews, en Écosse, n° 4. — Paysage de l'île de
Pierce, en Écosse, n° 4, pet. in-f° en larg.; ens. 5 p.,
eaux-fortes ou pointes sèches, belles ép. *Signées.*

833 — **Lalanne** Maxime. Démolition pour le perce-
ment de la rue des Écoles B. 5. — Trouville, Paysage, Villas B. 38. — A Fribourg 46, Beuzeval
52; ens. 4 p., très belles ép. d'artiste.

834 — Bords de la Tamise B. 56. — Richmond B. 57;
ens. 2 p., très belles ép. d'artiste.

835 — Dans un parc 60, à Cusset 63. — La Plage des
vaches noires à Villers 65. — Vue prise du pont de
Dives 69. — A Concarneau 84. — Petit village de
Bourgogne 92; ens. 6 p., très belles ép. d'artiste.

836 — Bordeaux, vue de Cénon 97. — Souvenir de
Bordeaux 98. — A Zaandan 101. — Le Haag, à
Amsterdam 104; ens. 4 p., très belles ép. d'artiste.

837 — Un Vieux port de Normandie 114 . — Trouville,
marée basse (116); ens. 2 p., très belles ép.

838 — Port de Trouville (117. — Les Roches noires à
Trouville (118). — Vue du pont de Rouen (122. —
Vieilles maisons à Vitré ?.; ens. 4 p., très belles ép.
d'artiste.

839 — **Lami** Eug. . Croquis faits d'après nature pendant les journées des 27, 28, 29 Juillet 1830, 4 pl. à
plusieurs sujets B. 334-337 . — 29 Juillet 1830, Am-
bulance des blessés au Palais-Royal 328. 5 lithogr.,
très belles ép. Vente Mène.

840 — 2 pièces doubles de la même suite (nᵒˢ 2 et 3),
très belles ép.

841 — Panorama du Bois de Boulogne 1828, titre et 9
litho., belles ép. coloriées B. 260-271.

> Manquent les nᵒˢ 1, 2 et 11.

842 — Pièces tirées de diverses suites : Souvenirs de
Londres, Voyage à Londres, la Vie de château, etc.;
ens. 10 p., dont 7 coloriées, belles ép.

> (B. 221, 228, 232, 235 (noir), 237 (noir), 238, 240 (noir),
> 276, 283, 285).

843 — La Prière du soir. litho.. *non décrite*, 2 ép., dont
une du 1ᵉʳ *état* avant toute lettre : ens. 2 pièces.

> Très rare. Dans le 1ᵉʳ état, le second siège à gauche est
> occupé par une femme supprimée dans l'état terminé.

844 — **Lançon** (Aug.. Eaux-fortes originales : Lion du
Cap, sur chine; Tigre de Cochinchine, sur japon. —
Route de Mouzon, 31 août 1870. — Boulevard Mont-
rouge, février 1871. 2 p. sur japon, 4 p.. très belles
ép. — Les Trappistes, suite complète de 10 pl. B. 4,
belles ép. sur japon ; ens. 14 p.

845 — **La Touche** G. . La Grève des mineurs. pointe
sèche, superbe ép. d'artiste, sur hollande. Signée.

846 — La même pièce. superbe ép. du 1er état, tirée à 8 ép.
Dans cet état. la planche porte une dédicace à Emile Zola.

847 — L'Assommoir. 15 gravures. par Gaston Latouche, suite de 12 pointes sèches. décrites par M. Béraldi, plus la couverture et trois pièces non décrites.

848 — **Laurens** J.. Reproductions lithog.. *d'après Diaz, Roqueplan. Decamps*, 5 p., très belles ép. sur chine. — **Launois** P.-L.. Le Rémouleur. — La 1re Cigarette. 2 eaux-fortes, belles ép. sur hollande. d'un imitateur de Louis Legrand; ens. 7 p.

849 — **Laurens** (J.-P.. La Pouparde. sur japon B. 1). — Hommes d'armes B. n. d.. *1er état*. sur hollande; ens. 2. p., belles ép. — En attendant le sermon. 2 ép.. dont une de *tirage à part* sans texte au verso. — L'Usurier de village *Le Philosophe*, coloriée, 3 p. anciennes; ens. 5 p.

850 — **Lavieille** (Eug.. Les Joueurs de cartes, *d'après Meissonier*. 2 belles ép. de fumés, tirés sur chine. — **Laviron** G.. 2 Vignettes. d'après *Gigoux*. pour l'*Ecuyer d'Auberon*. de Mélanie Waldor, 1832; ens. 4 pièces.

851 — **Law** David. The Grand Canal Venice, très belle épreuve.

852 — **Léandre** Ch.. Deux numéros du Journal amusant. — Le Figaro électoral portrait de Lebon. — **Lunel**. Reproductions du *Courrier Français*. 3 pièces dont 2 en tirage à part. — **Pannemaker**. Dans les blés. gravé sur bois. d'après *Heilbuth*. belle épreuve, sur chine. — **Memet**. Sarah-Bernhardt. chromolithographie d'après *Bastien Lepage*. — **Reproductions** *extraites* de divers journaux illustrés, 12 pièces.

853 — **Le Couteux**. Frédéric et Chilpéric au tombeau de St-Martin, *d'après Maignan* B. 17); profil de femme,

pointe sèche (B. 38) ; ens. 2 pièces, très belles ép.
d'artiste, sur japon, une signée. — Pendant le prêche
B. 31 . très belle ép. d'artiste, sur japon. Signée ; ens.
3 p.

854 — **Lefébvre** (Jules . Profil de Jeune fille B. 9 , très
belle ép. d'artiste sur hollande. — **De Los Rios** R . .
Portrait de Sarah-Bernhardt. *d'après Bastien-Le-*
page B. 42 . très belle ép. d'artiste, sur japon. — **Los-**
sow H. . *Only for friends*. très belle ép. sur japon ;
ens. 3 p.

855 — **Lefman** (F. . La Prise de la Tour de Malakoff. *d'ap.*
Yvon. ép. d'artiste. — **D'Orléans** Philippe . Anons
B. 4 , très belle ép. sur chine. — **Point** Armand .
Chameaux traversant un gué. très belle ép. d'artiste
sur japon. *avec tous les croquis de marges* ; ens. 3
pièces.

856 — **Lefort** Henri . Portrait de Jean Richepin, **2** ép.
sur chine et japon. dont une du 1ᵉʳ *état* B. 1 . — Pasi-
phaé, *d'après Roll*, ép. de remarque sur japon. *avec*
dédicace. Signée. B. 2 . — Vierge en croix B. n. d. . —
La Leçon de musique. *d'ap. J. Stein.* — Le Repas de
famille. *d'ap. Vaietier* ; ens. 6 pièces, très belles ép.
d'artiste.

857 — Portrait de Tolstoï, lithographie originale. très
belle ép. de remarque, sur chine. Signée B. n. d. .

858 — **Legenisel.** Portrait d'Alfred de Musset. d'après
Eug. Lami. très belle ép. d'artiste, *imprimée en cou-*
leurs.

LEGRAND (Louis)

859 — Le Repos dominical Ramiro, 4 . — Elle va venir,
2 ép. des 2ᵉ *et* 3ᵉ *état* R 6 ; ens. 3 ép. **2** signées.

860 — Bertrand dort 12 . — Frio 20 ; ens. 2 pièces, très
belles ép. *d'état* sur japon.

861 — Mon opinion politique, 1re planche (30).— Le Travail et la paresse (32), 6e *état*. — La même pièce, 7e *état* : ens. 3 pièces, très belles ép. sur hollande.

862 — Morte au champ d'honneur (33), suite complète des 4 états de cette planche. belles épreuves sur hollande.

863 — Arabesque ouverte (54). — La Prostitution (64) : ens. 2 pièces, très belles ép., la dernière avec dédicace. *Signée*.

864 — Les Communiantes, lith. en 2 teintes (*non décrite*). — Invitation chez Pellet. — Spécimen du *Livre d'heures*; ens. 3 pièces, belles épreuves.

865 — **Cours de Danse fin de Siècle**, série complète (?) de 11 planches, superbes épreuves *d'avant dernier état*. sur japon, avec les remarques ; trois sont en double épreuve, la seconde *imprimée en couleurs*.

    Ramiro nos 84 à 94.

866 — Les Mioches (R. 37), sur japon *du 10e et dernier état*. — Fin (35), sur hollande ; ens. 2 p. belles épreuves.

    Nous y joignons une reproduction d'un dessin publié dans le Courrier Français, ép. de tirage à part : *Vacances Parlementaires* et 33 reproductions de dessins extraites du "Courrier Français" et du "Gil Blas illustré".

LEGROS (ALPHONSE)

867 — Portrait de M. Auguste Delâtre (*P. Malassis et Thibaudeau* 19), très belle ép. sur japon. *Signée de Delâtre*.

868 — Vieil Espagnol (21), très belle ép. sur hollande.

869 — Portrait de M. Frédéric Régamey, *3e état*, sur japon.

870 — Tête de modèle (27), sur japon. — Le Grand espagnol (28), sur hollande ; ens. 2 pièces.

871 — Paysan breton (29) *3e état*. — T. Carlyle (33),
3e état ; ens. 2 pièces.

872 — Portrait de M. Champfleury (35), très belle ép.
sur chine.

873 — Le Lutrin (59, *4e état* sur 5. — La même pièce,
5e état, la Femme à la mantille supprimée à droite et
de nouveaux travaux pour ramener au gris cette
partie de la planche ; ens. 2 pièces, très belles ép.

874 — Portrait de M. J. Dalou (40. 1re planche, très
belle ép.

> Tirée à 6 ép., très rare.

875 — Portrait de M. J. Dalou (41 . 2e planche, très belle
ép. du *5e État* sur 6.

876 — Portrait de E.-J. Poynter Esqre (42 très belle ép.
sur hollande.

877 — S. E. le Cardinal Manning, archevêque de Westminster (43 , *3e état*, tiré à 3 ép., *avec hommage à
Marthelot*, de Thibaudeau.

878 — Le Chœur d'une église espagnole (50 , très belle
ép. sur papier hollande doublée .

879 — La Lecture de l'office (64 très belle ép. sur japon.

880 — Le Manège (75., très belle ép. du *2e état* sur 3,
sur hollande.

881 — La Charrue (81), très belle ép. sur japon.

882 — Le Mouton retrouvé (86., très belle ép. du *1er état
avant la signature et le trait carré*.

> Tirée à 10 ép.

883 — Le Paysage au bateau (106 très belle *ép. du 2e
état sur japon*. — Paysage à la mare (107), très belle
ép. du *2e état* sur japon.

884 — Le Coup de vent (110). *Reproduction.* — Le Foyer
(116). — Le Livre de comptes (119); ens. 3 pièces,
belles ép.

885 — La Vieille Femme assise (120), très belle ép. sur
hollande.

885 — Le Géographe (134), 4 illustrations pour le Mal-
heur d'Henriette Gérard (146); ens. 5 pièces sur japon.

887 — La Mort dans le poirier (140), 2ᵉ *état* sur 3, belles
ép. sur japon. — Le Souper chez Misère (174); ens.
2 pièces, très belles ép.

888 — Portrait de Léon Gambetta (179), très belle ép.
sur hollande. *Signée.*

889 — Les Faiseurs de fagots (182), très belle ép. sur
hollande.

890 — La Pêche à la ligne (191), très belle ép. sur hollande.

891 — Portrait de J.-F. Watts (198), sur japon. — 2
pièces pour *Souvenirs des Funambules* (nᵒˢ 3 et 4)
(147); ens. 3 pièces.

892 — Portrait de Val Prinsep (202).
Beau portrait tiré à 50 ép.

893 — Leighton, 2ᵉ planche (nᵒ 204), très belle ép.

894 — Seymour-Haden, manière noire (238), très belle
ép. sur japon.

895 — Mario Proth, 1ʳᵉ planche (*non décrit*), superbe ép.
avec les tailles au bas. *Signée.*

896 — Mario Proth, 2ᵉ portrait, très belle ép. sur hollande. *Signée.*

897 — Job (67), *3ᵉ état*, très belle ép. sur japon.

898 — Paysage aux 4 arbres (*non décrit*), avec un bûche-
ron, très belle ép. sur hollande.

899 — **Le Cardinal Manning**. superbe ép. sur hollande. Signée.

900 — La Mort du vagabond (P. M. et Th. nᵒ 89), superbe ép. d'artiste, sur holl. avec dédicace. *Signée et datée* 1879.

901 — Procession dans une église espagnole (P. M. et Th. nᵒ 49), très belle ép. du *3ᵉ état. Signée.*

> Avec le groupe des sonneurs remplacé ensuite par des gens agenouillés.

902 — **Leheutre** (G.) L'Ecluse du Tréport, pointe sèche, tirée à 50 ép. (nᵒ 23), très belle ép. *Signée.*

903 — La Maison du garde ; pointe sèche. très belle ép. sur papier ancien verdâtre. *Signée* nᵒ 28/40.

904 — La Rue de l'Ecole à Troyes. — Le Pont de bois à Troyes, 2 pointes sèches, très belles ép. *Signées* et numérotées.

905 — L'Impasse Gambey à Troyes, très belle ép. sur japon, tirée à 24 ép. *Signée.*

906 — Les Bords de la Bresle. ép. *avant le titre*. tirée sur papier ancien. *Signée* nᵒ 7/20 belle ép.

907 — Ruelle Saint-Jean à Troyes, ép. *avant la signature* (nᵒ 2/12). Signée. — La Place des Réservoirs à Montmartre (nᵒ 8/20) ; ens. 2 ép. d'artiste. *Signées.*

908 — **Leloir** (L.). — **Leroy** (Louis). Un Raffiné, par *Louis Leloir.* — Entrée de Forêt, par *Louis Leroy* (B. 31), sur chine.

> Nous y joignons diverses eaux-fortes de Leguay, Leleux Le Nain, etc., ensemble 7 pièces, très belles ép., plusieurs avant la lettre.

909 — **Lemud** (A. de). Enfance de Jacques Callot (B. 13), sur chine. — **Leroux** (Eug.) Lithographie ; titre de musique. — Reproductions *d'après Decamps, Ch. Jacque, Raffet* et *Tassaert*, 13 pièces, belles ép. sur chine, quelques-unes avant la lettre ; ens. 14 pièces.

LEPÈRE (Auguste)

910 — **Eaux-fortes originales** : Planche de croquis ;
Ramasseuses de pignons (coquillages). Vache couchée,
ép. d'artiste, signée n° 5/3o. La Sortie d'Ecole (Marais vendéen) n° 5/3o). *Signée ;* ens. 2 pièces.

911 — En Omnibus, aquatinte, 1ᵉʳ *état*, tiré à 2 ép. — La
Nuit à Jouy-la-Fontaine ; petite pièce in-32 n° 2/10.
— Au Coin du Pont au Double, pointe sèche, in-32.
Signée et n° 12 ; ens. 3 pièces, très belles épreuves.

912 — Embarcadère au Pont d'Austerlitz, très belle ép.
sur holl. *Signée* et numérotée 12/3o.

913 — Le Bateau lavoir, 1ᵉʳ *état*, tirée à 6 ép. (n° 1).
Signée. — Le Rémouleur, 2ᵉ *état* (n° 2). *Signée ;* ens.
2 pièces, très belles épreuves.

914 — Sur le Pont des Arts, 3ᵉ *état*, tirée à 5 ép. (n° 1).
Signée. — Billet de naissance de Marthe-Marie, sur
holl. ; ens. 2 pièces.

915 — Le 14-Juillet (mat de Cocagne), *1ᵉʳ état* (n° 17/3o),
très belle épreuve. *Signée.* — La même pièce, 2ᵉ *état,*
avec aquatinte sur le terrain et les personnages du
1ᵉʳ plan n° 7/25), très belle ép. *Signée ;* ens. 2 pièces.

916 — Sur la Tamise, grande eau-forte, in-folio en larg.,
2ᵉ *état,* tirée à 3 ép. (n° 2), très belle ép. Signée.

917 — Sous le Pont de Bercy (pêcheurs) (n° 6/35), sur
papier ancien . Signée. — Baignade de chevaux au
Pont Sully, *dernier état* (n° 8/25). *Signée ;* ens.
2 pièces.

918 — L'Été, eau-forte, in-folio en haut., tirage bistre
(n° 3/10), sur japon. Signée, très belle épreuve.

919 — **Gravures sur bois.** — Les Marins de la Jeannette
dans les glaces du Pôle Nord, *d'après de Haennen,*
très belle ép. de *fumé* sur chine. — La Seine au pont

d'Austerlitz, *fumé* sur japon, très belle ép. timbrée du cachet de l'*Estampe originale*; ens. 2 pièces.

920 — Fête de nuit au Trocadéro. — La Sainte-Chapelle et le Pont Saint-Michel; ens. 2 *fumés* sur japon, très belles ép. timbrées et signées.

921 — Sur l'Estacade. — L'Église St-Gervais par un temps de neige. — Les Champs Elysées nº 5/10 ; ens. 3 fumés, très belles épreuves sur japon. Signées.

922 — Le Boulevard près du Vaudeville. — Bassin de la Villette à Paris tirée à 10 ; ens. 2 fumés, très belles ép. sur japon. Signées.

923 — Convalescente, bois au canif, très belle ép. sur japon, imprimée en couleurs.

924 — Parisiennes sensations, mois de Janvier, Février et Mars, plus une lettre ornée ; ens. 4 p., bois au canif, très belles ép. d'essai ou d'état sur japon.

925 — Soir, bois au canif en camaïeu. — Baigneuses, *1er état*, avant la suppression de la baigneuse du 1er plan nº 6/10, sur japon. Signée : ens. 2 p., très belles épreuves.

926 — Pêcheurs, bois au canif, *état définitif*, très belle ép. sur papier ancien (nº 10/20), imprimée en couleurs. *Signée*.

   Nous y joignons la reproduction de cette pièce parue dans *l'Estampe Moderne* de Champenois.

927 — La Procession de Nantes, bois au canif, très belle *épreuve de remarque*, imprimée en couleurs, sur hollande nº 10/10. *Signée*.

928 — Bal à la Cour, gravure sur bois, *d'après Eug. Lami*, très belle ép. d'artiste, *avec remarque*, sur japon. *Signée*.

   Publication de *l'Estampe Française*; envoi de M. H. Béraldi.

929 — **Lepic** (Le Cte). Croquis hollandais et autres, titre. — Le Dr Payan (B. 5). — La Cigogne. — La jetée. — Moulins et patineurs. — Les Cannetons, *d'ap. Verlat* — Les Ramasseurs de fagots. — Tête de sanglier. — Le Hibou. — Chien d'aveugle (B. 1). —Griffon d'Écosse (B. 1 : ens. 11 pièces, belles épreuves d'artistes, la plupart *signées*.

930 — **Leprince** (X.). Inconvénients d'un voyage en diligence (B. 6), suite de 12 lith. coloriées, belles ép. (manque le n° 11)

931 — **Le Rat**. La Vedette, *d'après Meissonier* (B. 11), ép. d'artiste sur japon. — Un Philosophe *d'après Meissonier* (B. 12), très belle ép. de 1er *état avec dédicace*. Signée. — Planche de croquis : Femme cousant, croquis Watteau, portrait d'homme, etc. (*B. non décrit*). — Au Bois. *d'après de Nittis*. — 4 portraits, *d'après Holbein*, en différents états. — Joueurs d'échecs, d'après *Aranda*, 2 états différents; ens. 10 p., très belles épreuves d'essai ou d'artiste.

932 — **Lerolle** (H). Jeune Paysanne portant un seau, in-f° en haut., sur hollande. *Rare*. — Le Printemps, in-8° en larg., sur japon ; ens. 2 pièces, très belles épreuves d'artiste.

933 — **Lesigne** (Léopold). Laveuse. — Fileuse, deux eaux-fortes, *d'après Millet*, très belles ép. de remarque sur parchemin. Signées.

934 — **Lessore** (H.). Portrait de Émile Giraud (peintre), pointe sèche. — Portrait de Sainte Beuve; Champagne, lith. *d'après Th. Rousseau*. — **Lopusier** (?) L'Étang desséché, d'après *Corot*, très belle ép. sur hollande. — **Lucas** (P.). Le Pansement, *d'après Desrousseaux*, très belle ép. d'artiste, *avec remarque*, sur chine. Signée ; ens. 3 p.

935 — **Letoula**. Les Enervés de Jumièges, *d'après Luminais*. sur chine. — Portrait d'Eugène Delacroix, *d'après lui-même* ; ens. 2 lith., très belles épreuves sur chine. — **Leroy** A. . Scène antique. d'après un dessin de *Raphaël*, très belle épreuve avant la lettre : ens. 3 p.

936 — **Leys** H.. La Marche du condamné B. 6 . très belle ép. d'artiste. *sur chine*.

937 — Intérieur de Luther à Wittemberg B. 11 , très belle ép. sur hollande.

938 — La Rencontre B. 13 , très belle ép. d'artiste sur hollande.

939 — La même pièce. très belle ép. d'artiste sur papier fort de hollande. *Signée*.

Nous y joignons l'enveloppe d'envoi à Paul Mantz de cette épreuve accompagnée de 4 autres.

940 — Publication des Édits de Charles-Quint, à Anvers (B. 14). très belle ép. sur japon.

941 — Institution de la Toison d'Or (B. 15 , 2 p., très belles ép., dont une sur chine, provenant de la collection John Wilson.

942 — Un Conventicule de réformés (B. 16 . — La Messe à l'épitre (B. 17); ens. 2 p., très belle ép. d'artiste.

943 — Jeune femme assise ou Marguerite à l'église (B. 18). très belle ép. d'artiste *sur japon*.

Epreuve très fine de cette belle pièce.

944 — L'Imprimeur Plantin, Arias Mantanus (B. 19), très belle ép. d'artiste sur japon.

945 — **Lhermitte** (L.). Cathédrale de Rouen B. 37), très belle ép. d'artiste. Signée.

Avec le timbre de la " Printsellers Association ".

946 — Les Foins (B. 36), très belle ép. d'artiste sur japon, signée et numérotée. — Intérieur de paysans, reproduction d'un fusain, belle ép. de tirage à part.

947 — Intérieur de Saint-Maclou, à Rouen ; superbe ép. d'artiste. Signée (B. 36).

Avec le timbre de la " Printsellers Association ".

948 — **Lithographies diverses**, par Aubry, Autrique, de Beaumont, Cham, Bellanger (G.), Chaplin, Vernier, Gérard-Fontallard ; ens. 17 p., dont 3 coloriées.

La journée d'une actrice (2 p.). — Le Jeu de la drogue, Beethoven, A. Cabanel, Salmacis, etc.

949 — **Lorentz** (J.-A.). Les Plaisirs de la chasse ; suite complète de 10 lithographies, belles ép. de tirage à part.

950 — **Luce** (M.). Jeune Femme se chauffant. — Jeune Femme s'habillant. — Le Petit Betting, 4 p. — Vue de la Seine, lithog. originales ; ens. 7 p., très belles ép. d'artiste. 3 *signées*.

951 — **Lührig** (G.). Der arme Lazarus (le Pauvre Lazare), eine folge steinzeichnungen ; *Dresden* 1896, in-f° en portefeuille.

Suite de 8 lithographies en couleurs, tirée à 70 ex. (n° 14).

952 — **Luigini**. La Femme au coucou, eau-forte en couleurs, tirée à 25 ép. (n° 3), sur hollande. *Signée*.

LUNOIS (A.)

953 — Adresse de Sagot, lithogr. au lavis, superbe et *très rare* ép. avec les 3 croquis, sur japon. *Signée*. — Au Bord du Zuyderzée, très belle *ép. de remarque*, avec 4 croquis dans les marges, *signée* ; ens. 2 ép.

954 — Fête de nuit sur les bords du Guadalquivir, très belle *ép. de remarque*, sur japon. *Signée*.

955 — Femmes arabes au puits, très belle ép., en couleurs, sur japon. *Signée.* — La Boulangère de Romain ville, sur chine ; ens. 2 p.

956 — Bailarinas Flamencas, lithog. en couleurs, très belle *ép. de remarque. Signée* et numérotée.

957 — La Lessive dans le Gourbi, lith. en noir au lavis, superbe ép. sur japon pelure. — Pendant l'entr'acte, lithog. en couleurs. *Signée* ; ens. 2 ép., sur japon.

958 — Les Pèlerins d'Emmaüs, très belle ép. sur japon. *Signée.*

> Rare.

— La même pièce, superbe et *rare* ép. tirée sur *chine vert. Signée* ; ens. 2 p.

959 — Danaé, lithog. en couleurs, très belle ép. sur japon. *Signée.*

960 — La Belle Tulipe, litho. au lavis, superbe ép. d'artiste sur japon pelure. *Signée.*

961 — La même pièce, très belle ép. d'artiste sur japon, *Signée.*

962 — La Convalescente, litho., très belle ép. d'artiste sur japon pelure collé. *Signée.*

963 — La Corrida : Quiéto ; litho. en couleurs, ép. d'artiste sur chine, *Signée* et numérotée.

964 — Dernière prière : la Fosse Commune, litho. au lavis, très belle ép. sur chine. *Signée.*

965 — Le Faucheur, litho., très belle ép. d'artiste avec remarque, sur chine. *Signée.*

> 1re litho. originale de l'artiste, Salon de 1888.

966 — **La Hollandaise de Volendaam**, litho. originale au lavis, superbe ép. sur japon pelure collé. *Signée.*

> Pièce capitale, d'une insigne rareté, la pierre s'étant cassée après un tirage de 7 ép. seulement.

967 — **Le Menuet chez Madame Ménard-Dorian,**
litho. en couleurs, magnifique ép. sur japon, numérotée 15 et *signée*.

> Une des pièces capitales de la litho. originale en couleurs,
> tirée à 40 épreuves et rarissime.

968 — Une Évocation chez les Spirites, litho. au lavis,
superbe ép. sur japon pelure. *Signée.*

969 — Les Lavandières, litho., *d'après H. Daumier*, très
belle ép. d'artiste sur japon. *Signée.* — Une Réunion
publique à la salle Graffard, *d'après Jean Béraud*
B. 7 , très belle ép. d'artiste sur japon. *Signée;* ens.
2 pièces.

970 — La Paye des Moissonneurs. *d'après Lhermitte*,
litho.. très belle ép. avant lettre, sur chine. — Le
Vin. *d'après Lhermitte*. litho., très belle ép. de remarque sur japon ; ens. 2 pièces.

971 — **Macbeth.** Miss Ellen, eau-forte, in-8° en haut. —
La Récolte des pommes de terre Potatoes harvest in
the Fens : ens. 2 pièces. belles ép., une *sur japon*.

972 — **Madou.** Suite de 11 pièces, litho. originales, très
belles ép. sur chine. numérotées 1 à 11 *litho. de
Ch. Motte , non décrit.*

> C'est bien vilain mon oncle.. — Aimes-tu bien Mr le
> Bailly ? — Oh ! vous fesez mon charge bien positif. —
> Discussion littéraire. — Bravo général. — Bonne maman,
> Germain m'apprend.. — C'est not neuvième. — Venez-donc,
> Messieurs les graves. — Visite aux physiciens. — Causeries
> sous le Péristyle. — Le Portrait.

MANET (Ed.)

973 — Son portrait, gravé par *Trouver* ? . très belle ép.
sur chine, *avec dédicace. Signée à M*me *Ed. Manet.*

974 — Le Guitarrero B. 2 . très belle ép. sur papier ancien.

975 — Lola de Valence B. 6 . — Le Torero mort B. 5 .
— Les Petits Cavaliers. *d'après Velasquez* B. 6 ;
ens. 3 pièces, très belles ép., 2 sur papier ancien.

976 — Le Gamin tenant un cabas (B. 7). — La Petite
Fille tenant un bébé; ens. 2 pièces, très belles ép.
sur papier ancien.

977 — La Toilette (B. 9). — L'Infante Marguerite,
d'après Velasquez; ens. 2 pièces, très belles ép. sur
papier ancien.

978 — Les Petits Gitanos (B. 14). — Le Christ aux
anges (B. 16). — Silentium (B. 17); ens. 3 belles ép.
sur hollande ou papier ancien, une tachée.

979 — L'Acteur comique Mariano Camprubi (B. 19).
— L'Acteur tragique Rouvière, (B. 20 : ens. 2
pièces, très belles ép. sur chine et papier ancien.

980 — Mlle Morizot (B. 22), Mlle Eva Gonzalès (B. 23),
Baudelaire (B. 24) de face. — Baudelaire de profil
(B. 25). — Edgar Poë (B. 26); ens. 5 p., très belles
ép. sur pap. ancien.

981 — Olympia, grande pl. (B. 31). — La même, petite
pl. (B. 32); ens. 2 p., belles ép. sur pap. ancien.

982 — Trois croquis de chats sur une planche (B. 33). —
Le Rêve du marin (B. 34). — Le Fumeur (B. 36);
ens. 3 p., belles ép. sur pap. ancien.

983 — Le Fumeur, *pointe sèche (B. non décrit)*. tr. belle
ép. sur pap. ancien.

> Gravé en sens inverse de l'eau-forte, format in-4° en haut.

984 — Le Philosophe (B. 39). — Gamin faisant une bulle
de savon (B. 40). — L'Enfant au chien (B. 42); ens.
3 p., tr. belles ép. sur pap. ancien.

985 — Gamin buvant à la régalade (B. 43). — La Queue
à la boucherie (siège de Paris) (B. 44); ens. 2 p., tr.
belles ép. sur pap. ancien.

986 — Le Fleuve (B. 45). — Jeanne (B. 53); ens. 2 p.,
tr. belles ép. sur pap. ancien.

987 — Portrait de Bracquemond, eau-forte, in-8° en haut., *épreuve unique, sur japon*, **aquarellée** (*B. non décrit*). Collection Burty.

988 — Le Corbeau (B. 67-71); ens. 5 p., tr. belles épreuves.

> Manque 1 p. et une autre est en double.

989 — Guerre civile (B. 58. — La Barricade (B. 57). — Exécution de Maximilien (B. 56). — Les Courses (B. 59); ens. 4 lith., tr. belles ép. sur chine, dont 3 avant la lettre.

990 — Le Gamin, lith., tr. belle épreuve sur chine (B. 60).

991 — Polichinelle, lith. en coul., tr. belle épreuve (B. 72).

992 — *Revue de la semaine* : Au Paradis, dessin inédit de Manet (*B. non décrit*), 2 ép. dont une *avant lettre*.

> Report sur pierre d'un dessin, in-4° en larg.

993 — L'Après-midi d'un Faune, 4 vignettes gravées sur bois et tirées sur une feuille, sup. ép. *sur japon*.

994 — **De Mare** (T.). Portrait de Stanley, *d'après Haaly*, tr. belle ép. d'artiste sur parchemin, signée du peintre et du graveur, et envoi autographe de Stanley. — La Barricade. — Le Carosse, d'après Meissonier, 2 ép. sur parchemin. Signées. — Portrait de C.-F. Gaillard, sur chine. Signée. — Simonetta, *d'après Raphaël*, sur japon. Signée; ens. 5 p., tr. belles ép.

995 — **Martin** (H.). Intérieur : Jeune Femme cousant, ayant son bébé à ses côtés, *d'après Bemmers*, tr. belle ép. de 2ᵉ état, sur japon. Signée (*planche non publiée*). — **Milcendeau** (Ch.). — Pour les Bleus de Bretagne : Menu du banquet du 1ᵉʳ mars 1900; lith. originale. — Jeune Fille assise tenant une fleur (ma première lith., in-fᵒ en haut., signée et datée 1900; tr. belle ép. sur hollande, signée et datée 1900; ens. 3 p.

996 — **Marvy** Louis . Eaux-fortes et vernis mous :
pièces originales ou gravées d'après Berthault, Cabat,
Decamps, Jeanron, H. de Chacaton, Corot, Diaz,
J. Dupré, C. Flers, Gavarni, P. Huet, Victor Hugo,
Émile Lapière, Ch. Leroux, Antonin Moine, Th.
Rousseau, E. Toudouze, Ch. de Tournemine; ens.
161 p., belles ép. d'artiste ou d'essai pour la plupart,
en 2 portefeuilles.

Une partie provenant de l'Alliance des arts.

997 — **Masson** Alph. .La Cuisinière, *d'après J. Bonvin*.
L'Ivrogne et sa femme, *d'après Decamps*. — Sancho
Pança, *d'après Decamps*. — Le Garde-chasse, *d'après
Decamps*: ens. 4 p. — **Pilotell**. ...?. par Pilotell, lith.,
in-f° en larg., signée et datée 2 décembre 1868, tr.
belle ép.; ens. 5 p.

998 — **Pirodon**. Muse des Bois, *d'après Diaz*. — La Ma-
laria, d'après Hébert. — La Lecture, *d'après Lumi-
nais*, 3 ép. sur chine. — **Puvis de Chavannes**.
Baigneuses, reproduction extraite de l'*Autographe*;
ens. 4 p.

999 — **Mathey** A . Têtes d'étude pour le Christ devant
Pilate: 3 pl. diverses, une à 2 sujets, tr. belles ép., *une
signée*.

1000 — **Mathey** Paul). Monsieur Mathey père. — Un
Connaisseur, sur japon, Signée. — Portrait de Salvator Mayer, 1er état; ens. 3 pièces, belles épreuves.

1001 — **Maud** (P. . Paysage du Bourbonnais, eau-forte
en couleurs, superbe épreuve sur hollande. Signée.

Tirée à 50 épreuves.

1002 — **Maurin** (Ch.). Le Jeu de quilles. — Nécessité n'a
pas de loi. — Tête de fillette. — Tête de femme de
profil, manière noire. — Autre tête de femme, cor-
sage blanc à pois, fichu noir. — Méditation; ens.
6 pièces, ép. d'artiste.

1003 — Portrait de Toulouse-Lautrec, très belle ép. d'artiste. Signée, tirée à 100 (n° 74). — La Sortie de bain, eau-forte en couleurs (n° 11/50), très belle ép. *Signée.*

1004 — Femme à sa toilette, ép. tirée par l'artiste avant le tirage de l'éditeur. Signée. — Les Pantouflés, tirée à 50 (n° 5). Signée, sur japon. — Jeune Femme assise de profil à droite : ens. 3 pièces, belles épreuves imprimées en couleurs.

1005 — **Maurou** (P.). Moine écrivant (?) lithog. d'après J.-P. Laurens, très belle épreuve d'artiste sur chine, *avec dédicace. Signée.*

1005 — **Meissonier** (E.). Les Reitres (B. 15), très belle épreuve sur chine.

1007 — Monsieur Polichinelle, tourné à gauche, 2 épreuves de tirages différents.

1008 — **Meissonier (D'après).** Annibal, *par I.-H. Poterlet,* très belle ép. d'artiste sur parchemin. *Signée.* — Le Baiser, *par Portelet,* très belle ép. d'artiste, avec remarque, sur parchemin. *Signée;* ens. 2 p.

MÉRYON (Ch.)

1009 — Bain froid Chevrier (B. 84). — Tourelle, dite de Marat (B. 55), état avec les figures dans le ciel ; ens. 2 pièces, très belles épreuves.

1010 — Ministère de la Marine (B. 82), ép. avant toute lettre, avec le monogramme.

1011 — La Petite Pompe (B. 46), très belle épreuve sur chine.

1012 — La Rue des Toiles, à Bourges (B. 58), très belle ép. sur japon. — Ancienne habitation à Bourges (B. 59) ; ens. 2 pièces, très belles épreuves.

1013 — Galiot de Jean de Vyt (B. 12). — La Brebis,

d'après Van de Velde (B. 2 *bis*), 2 ép. — Adresse de Rochoux, en 2 couleurs (B. 54). — Eaux-fortes sur Paris, titre; ens. 5 pièces, très belles épreuves.

1014 — Rébus : Béranger ne fut jamais véritablement fort, car il n'eût jamais la clef des Champs B. 78. — La Loi solaire (B. 74); ens. 2 pièces, très belles ép.

1015 — Portraits : Casimir Lecomte (88), très belle ép. sur chine, d'après Boulanger, avec dédicace. — Bizeul (96). — Pierre Nivelle (91). — René de Burdigale, seigneur de Laudonnière. — Cadre pour le portrait de Guéraut 79, très belle ép., tirée en 2 tons; ens. 5 pièces, très belles ép.

1016 — Saint-Étienne du Mont (B. 44), superbe ép. du 1er *état*, sur hollande.

1017 — Frontispice, ancienne porte du Palais de Justice (B. 33), très belle ép. sur hollande.

1018 — Partie de la Cité de Paris vers la fin du 17e siècle, rive gauche, entre le pont Notre-Dame et le Pont-au-Change (B. 28), très belle épreuve.

1019 — La Rue des Mauvais-Garçons, à Paris (B. 41), très belle ép. sur hollande.

1020 — Le Stryge B. 37, très belle ép. du 2e *état*, sur hollande.

1021 — La Galerie Notre-Dame (B. 40), très belle ép., avant le titre et le monogramme, sur hollande.

1022 — La Pompe Notre-Dame (B. 45, très belle ép. du 2e *état*, sur hollande.

1023 — La même pièce, tirage de l'artiste de l'*avant der-nier état*, belle épreuve.

1024 — Rue Pirouette, aux Halles (B. 24), ép. avec l'ins-cription *Aux Noces de Cana, Martingal*, au Diable Maure, etc., très belle ép. sur vergé de hollande.

1025 — Rue des Chantres (B. 56), tr. belle ép. sur hollande.

1026 — Le Petit-Pont (B. 38), très belle ép. sur chine de l'avant-dernier état, avant les numéros ; 2 ép.

1027 — La Salle des Pas-Perdus (B. 17), très belle ép. sur hollande.

1028 — Passerelle du Pont au Change, après l'incendie de 1621 (B. 27), très belle ép. *avant la lettre* sur chine.

1029 — Présentation au roi Louis XI du *Valère Maxime*, imprimé à Paris vers 1475, d'après une miniature, très belle ép. sur hollande (B. 25.)

1030 — Armes de la Ville de Paris, 1854, in-8° (B. 35). — Le Tombeau de Molière au Père-Lachaise (B. 53) ; ens. 2 p., très belles ép. sur hollande.

1031 — La Tour de l'Horloge (B. 42), très belle ép. du tirage de l'Artiste, *avant-dernier état*, 2 ép.

1032 — Abside de Notre-Dame de Paris (B. 52), très belle ép. sur hollande. *2e état.*
> Le nom de Méryon a été gratté.

1033 — Le Pont au Change (B 48), très belle ép. de *1er état*, avec un seul ballon, sur hollande.
> Le nom a été gratté.

1034 — **Meunier** (C.), **Mol** (de). Groupe de paysans, par C. Meunier. — Fantaisie avant la lettre, par *de Mol*. — **Michelin** (J.). Le Pont de bois, près Vichy (B. 3), 2e état, 3e ép., juillet 1862, très belle ép. sur japon. — **Morel** (Pierre). Almanach pour 1883, pointe sèche, très belle ép. sur japon. — **Morin** (Edmond). Une Loge d'actrice : Mlle Schneider ; ens. 5 p.

1035 — **Milius** (Félix). Eaux-fortes, *d'après Dnez. P. de Hogh. Watteau. Isabey. Vélasquez* ; ens. 5 p., belles ép d'artiste.

1036 — Paysannes puisant à une source, *d'après J. Breton*, très belle ép. d'artiste, avec remarques, sur japon. *Signée*.

1037 — Portrait d'une infante, *d'après Velasquez*, superbe ép. d'artiste, avec remarque, sur parchemin. *Signée*.

1038 — Sentinelle arabe à cheval, *d'après Schreyer*, très belle ép. de remarque, sur japon, avec la mention : *In progress*.

MILLET (J.-F.)

1039 — L'Homme appuyé sur sa bêche (*Lebrun, n° 3*), très belle ép. sur papier ancien.

1040 — Les Deux vaches qu'un paysan fait paître (L. 5), sur hollande. — Mouton paissant (6). Signée Ch. Jacque ; ens. 2 ép.

1041 — La Couseuse (L. 10), 2 belles ép. d'artiste, tirées sur papier ancien, l'une bistrée.

1042 — La Baratteuse (11), très belles ép. d'artiste, sur papier ancien.

1043 — Paysan rentrant du fumier (12), très belle ép. d'artiste, sur hollande.

1044 — Ramasseurs de varech (L. 9), très belle ép., sur vieux papier.

1045 — Les Glaneuses (13), superbe ép. d'artiste sur parchemin, *avec envoi de Michelin à Madame Ed. Lièvre*.

1046 — La Veillée (15), très belle ép. sur chine.
Rare.

1047 — **La Cardeuse** (14), superbe ép. sur papier ancien, *tirée nature*.

1048 — La Gardeuse d'oies, pointe sèche (17), très belle ép. sur chine.
Rare.

1049 — Femme faisant manger son enfant (18), très belle
ép. sur chine avec la signature et la date.

1050 — La Grande Bergère (19), superbe ép. sur japon.

1051 — La Fileuse (21), très belle ép. du *3e état*, avec
l'étoile sur la touffe d'herbe (note de Burty), sur papier ancien, planche détruite.

1052 — Olivier de Serres, lithographie (24), belle ép.

1053 — La Précaution maternelle (25), très belle épreuve.

1054 — Paysanne vidant un seau dans deux cruches
(26), très belle ép. à laquelle nous joignons une reproduction d'un dessin différent du même sujet, très
belle ép. sur japon.

1055 — Essais de gravures sur bois. — Paysan assis au
pied d'un arbre (27) et autres essais sur un bois in-12
en haut., très belle épreuve.
    Rare.

1056 — Femme vidant un seau (32), gravure de Pierre
Millet, très belle ép. sur chine. — La Bergère assise,
appuyée sur son baton, in-4°, par J.-B. Millet (33),
très belle ép. sur chine.

1057 — Bêcheurs au repos (34), gravure par Pierre Millet, très belle ép. sur hollande.

1058 — Les travaux des champs, 10 sujets gravés *par
Lavieille*, très belle ép. sur chine. — A l'Abreuvoir,
bois de *Baude* ; ens. 2 pièces.

1059 — **Mongin** (A.) The north-west passage, *d'après
Millais* (1) —Portrait de Ch. Moxon, *d'après Orchard-
son* (B. 57), 2 ép. d'état ou d'artiste, une avec dédicace.
Signée ; — Aimons toujours ; Aimons encore, *d'après
Dagnan-Bouveret*, 2 ép., dont une d'eau-forte pure ;
ens, 5 p. très belles épreuves.

MONNIER (Henri)

1060 — Esquisses parisiennes, 6 pièces sur 10 dont une double en coloris différent B. 237, 238, 239, 240 2 . 241).

N⁰ˢ 5, 6, 7, 8 (2 ép.), 9 de la suite.

1061 — Gravures sur bois d'après ses dessins, extraites de divers ouvrages illustrés, journaux, etc.; 311 pièces montées sur feuilles in-4⁰, quelques-unes *en tirage à part* ou *fumés*.

1062 — Les Grisettes, 12 pièces de 2 séries différentes, belles épreuves coloriées B. 317, 318, 319, 320, 321. 323, 326, 327, 328, 334, 350, 360 . — Gaugain ou Ardit, n⁰ˢ 2, 3, 4, 5, 6, 8, 10, 11, 12. — Suite de Bernard, n⁰ˢ 6, 21, 31.

1063 — Impressions de voyage (B. 532 à 537 suite complète de 6 pièces, belles ép. en noir, plus la 5ᵉ, en double, coloriée ; ens. 7 pièces.

1064 — Maximes et Pensées, types dessinés sur papier Bry, in-4⁰, 1859-60-61 B. 560-575 , 15 pièces, très belles ép. la plupart sur chine.

Rares.

1065 — Mœurs administratives ; 5 pièces coloriées de 2 séries différentes. (B. 380, 382, 385, 390, 392). — Proverbes : Un bon Français ne p.... jamais seul (B. 111), très belle ép. toute marge, avec le visa de la censure (Collection Champfleury) ; ens. 6 pièces.

1066 — Les Petites Félicités humaines (B. 463, 464, 465). — Les Petites Misères humaines (B. 468, 472) ; ens. 5 pièces, très belles ép. coloriées.

1067 — Rencontres parisiennes (B. 196, 203, 204, 209, 210, 211, 212) ; ens. 7 pièces, belles ép. coloriées.

1068 — 7 Lithographies de diverses suites, belles ép. coloriées.

> Chacun son tour (B. 259). — Un Bon Mari (B. 268), —
> Des Messieurs de bonnes maisons (B. 423). — L'Apothicaire
> (428), — L'Épicier et la portière (474). — Vue d'une baraque
> (491). — De la République (498)..

1069 — 7 Lithographies extraites de diverses suites, belles
épreuves coloriées.

> La Lecture du journal (B. 483). — Une Victime de l'ancien
> système (505). — Le voilà revenu sur l'eau (510). — La Mar-
> mite renversée (511). — On vous donnera sur les doigts...
> MM. les Libéraux !! (512). — Un Inamovible (513). — La
> Sortie de l'église (601).

1070 — La Silhouette, cinq pièces (sur six), belles ép. coloriées.

> (B. 496 à 501), manque n° 500, les Marionnettes. — Vues
> de Paris (B. 443), très belle ép. en noir, plus 1 frontispice ;
> ens. 7 pièces.

1071 — **Six Quartiers de Paris** (B. 432-438), titre et 6
pl. coloriées, suite complète, superbes épreuves.

1072 — Son portrait par Durandeau, Ancourt, Gill ; bois
d'après H. Monnier, 19 pièces. — La Vedette écossaise (B. 57). — Chacun son tour (B. 518), 2 lith.
orig. ; ens. 24 pièces.

1073 — Un Ami du peuple (B. 504), très belle épreuve.

> Lith. très rare, manquant à la plupart des exemplaires du
> journal "La Caricature".

1074 — **Montbard**. Lithographies *non décrites* au cata-
talogue Béraldi : Barbès. — Raspail (La Dernière Ves-
tale). — Rochefort en toréador. — Satan. — Les Élus
de Paris en 1869. — Titre de romance ; 6 pièces, très
belles ép. d'essai. — Vignette pour un chapitre de
Rabelais (B. 1). — Retour d'une bonne action (B. 4),
2 ép. — Les Chiffonniers (B. 9) ; 4 eaux-fortes, très
belles ép. d'artiste ; ens. 10 pièces.

1075 — **Monticelli** (A. , 20 planches d'après les tableaux
originaux de Monticelli et deux portraits de l'artiste
lithographiés par *A. M. Lauzet*, accompagnés d'une
étude biographique et critique de Paul Guigou et d'un
poème liminaire de Fernand Mazade, *Paris, Boussod
et Valadon* 1890, in-fol. en portefeuille, tiré à 100 ex.
n° 74.

1076 — **Mordant** (D.). Bayadère, d'après *Courtois*, très
belle ép. de remarque sur hollande. — Les Cerises. —
Sous le Directoire, 2 pièces, d'après *Edelfelt*, en ép.
d'état ou d'artiste. — La Consultation, d'après *P. de
Hogh*, ép. de remarque ; ens. 4 pièces.

1077 — **Moreau-Nélaton** (Etienne). L'Aumône, sur japon. — Le Monastère, sur hollande. — Le Repos des
moissonneurs. — L'Ange du Souvenir. — Les Char-
rons. — Calipso ; ens. 6 pièces, très belles épreuves.

1078 — **Mouilleron** A. . L'Écu de France, *d'après Isa-
bey*. — Le Bourgmestre Six chez Rembrandt, *d'après
Leys* ; ens. 2 lith., belles épreuves. — La Ronde de
Nuit, lith., *d'après Rembrandt*, très belle ép. sur chine.
Signée. — Reproductions *d'après Decamps, Delacroix,
Jules Dupré*, titre de romance ; ens. 5 pièces, très belles
ép., plusieurs d'essai et signées.

> Nous y joignons une lith. de Moynet, *d'après Trovon* : le
> matin dans la prairie ; ens. 9 pièces.

1079 — **Mucha** (A. . La Brune et la Blonde, lith., ép.
sur japon. Signée. — *Papier Job, Fumeuse* ép. **sur
satin.** *Signée.*

1080 — **Muller** (Alfred . Portrait de Stéphane Mallarmé,
aquatinte, très belle ép. sur hollande. Signée. — La
Ronde, eau-forte en couleurs, très belle épreuve. *Signée* ; ens. 2 p.

1081 — **Muller** (L.). Sur la route ? , d'après *Farquhar-
son*, tr. belle ép. de remarque, sur hollande. *Signée.*

1082 — **Muyden** (Evert van). Tigres se désaltérant, tr. belle ép. d'artiste sur hollande.

1083 — Éléphant et autres animaux, croquis d'après nature, pointe sèche. — Paul et Virginie, singes, pointe sèche; ens. 2 p., tr. belles ép. d'artiste. *Signées.*

1084 — **Myrbach** (Von). Au Bal public, eau-forte, tr. belle ép. d'artiste sur japon, avec dédicace. *Signée.*

1085 — **Nadar.** Affiche pour l'Almanach du Tintamarre, 1853, tr. belle ép.

1086 — **Nanteuil** (C.). 4 Eaux-fortes pour le Monde dramatique B. 28. — Reproductions lith., *d'après Courbet, Fromentin, Eug. Isabey, Jadin, Maréchal, Ph. Rousseau.* 6 p. — Lithographies originales : Les Filles du diable. — Souvenirs ! 2 p. de différents formats. — La Rue de la Vieille-Lanterne *où Gérard de Nerval se pendit.* — Le Vieux Caporal.— Soirées d'automne. — Titres de musique. — Frontispice de de la Bibliothèque romantique d'Asselineau; ens. 20 p.

1087 — **Neuville** (A. de). Croquis militaires, 20 photogravures, suite complète dans la couverture de publication; *Paris Goupil et Cie.*

1088 — **Nichols** (C.-M.). Notre-Dame-du-Beau-Rameau, Lourdes B. 25, tr. belle ép. d'artiste. *Signée.*

1089 — **Nicholson** (William). Douze Portraits, tirage à 100 ex. pour H. Floury, *Paris, s. d.,* 11 pièces en un album.

Manque le portrait de Cecil Rhodes.

1090 — Le Pont, lithographie originale en couleurs, tr. belle ép. sur japon. *Signée.*

1091 — V. is for Villain : **bois original** en couleurs, ép. d'artiste. Signée. — F. is for Flower girl, bois original

en couleurs, tr. belle ép. d'artiste, sans marges. — T
for Topers, bois original, en couleurs, tr. belle ép.
d'artiste. Signée; ens. 3 p.

1092 — La Reine Victoria, lithographie, tr. belle ép. en
couleurs, numérotée 28.

1093 — **Niel** (Gabrielle). Restes gothiques de l'Hôtel-
Dieu. Les Cagnards (B. 5), tr. belle ép. d'artiste sur
hollande.

1094 — **Nittis** (G. de). Jeune Femme décolletée, les bras
posés l'un sur l'autre (B. 8). — Femme vue de dos,
décolletée, éventail dans la main droite (B. 18 : ens.
2 p., tr. belle ép. d'artiste. *Signées.*

1095 — **Orazi** (M.). Aben-Hamet, affiche-estampe lith.
en couleur, belle ép. — **Vernier** (E.). Hamlet, affiche-
estampe d'après *de Neuville*. tr. belle ép. — **Vierge**
(D.). Quatre-vingt-treize, par Victor Hugo, affiche,
lith. en noir, tr. belle ép. — **Morin** (Louis). Carnavals
parisiens, affiche en couleurs, tr. belle ép. sur japon:
ens. 4 p.

1096 — **Parrish** (Stephen). Maisons de Pêcheurs, États-
Unis (Fishermen's houses, Cap Ann), *1er état*, tiré à
40 ép. sur japon. *Signée.*

1097 — **Paul** Hermann. Lithographies originales, 6 p.
in-f° imprimées en noir et en couleurs, numérotées et
signées, belles épreuves, *tirées à très petit nombre.*

> L'Avorteuse (n° 8/25). — Félix Faure à l'inauguration du
> Salon de peinture, 1897 (n° 24/25). — L'Invitation à la valse
> (n° 9/25). — La Sortie des séminaristes (en couleurs). — Le
> Docteur, lithographie en couleurs, in-f° en haut, signée et
> numérotée, très belle épreuve. — Vous êtes mon lion superbe
> et généreux, sur japon, *timbrée* et numérotée.

1098 — **Penet** (L.). Dante et Béatrice, d'après *A. Maignan*, tr. belle ép. d'artiste avec remarque, sur japon.
Signée du peintre et du graveur.

1099 — Fleurs du Souvenir, *d'après Chaplin,* tr. belle
ép. d'artiste, avec remarque, sur parchemin. *Signée
du peintre et du graveur.*

1100 — **Pennell** (J.). A Pise, le cours de l'Arno. — Venise
autrefois et aujourd'hui; ens. 2 p., tr. belles ép. d'artiste sur japon, *une signée.*

1101 — **Petit** (Léonce). Les Bonnes Gens de Province ;
et . 123 pièces *extraites* de journaux, en 2 portefeuilles.

1102 — Décors pour service de table de la maison Haviland, 24 pièces eaux-fortes, très belles ép. sur hollande.

1103 — **Petrak,** *d'après Führich.* Chemin de croix,
suite de 14 gravures au burin, belles ép.
   Quelques taches dans les marges et quelques réglures au
   carré sur plusieurs planches.

1104 — **Philippon.** Scènes de mœurs, caricatures, 6
litho. de diverses suites, dont 4 coloriées, belles ép.
— L'Ordre public règne aussi à Paris, planche attribuée à et signée Granville et Forest, très belle ép.
coloriée. *Signée à l'encre* : Ch. Philippon.

1105 — **Pigal. Leroux. Lorsay. Menut. Platier.**
Chien de métier. — Mœurs Parisiennes (n° 87), 2
pièces coloriées par *Pigal.* — 4 litho. diverses par
Leroux, Lorsay, Menut. — Le Bureau du Commis-
saire de Police, par *Platier,* suite complète de 8
litho. ; ens. 14 pièces, belles ép.

1106 — **Piguet** (Rodolphe). Mˡˡᵉ Nelson (B. 22), très
belle ép. d'artiste, avec remarque, sur hollande.

1107 — Mˡˡᵉ Irma Meunier (B. 24), très belle ép. de
remarque sur japon. *Signée.* — Jeune Femme assise
au bord de la mer, très belle ép. sur japon, *timbrée.*

1108 — Une Française de 1889, Mˡˡᵉ Jeanne Granier
(B. 27), ép. d'artiste sur japon.

1109 — **Pille** H... Propos galants, très belle ép. d'artiste sur hollande. — A Valmy, le 20 septembre 1792, reproduction du *Courrier Français*.

1110 — **Pissarro**. C... Rue Damiette à Rouen (B. 36). *Signée* et numérotée 1. — Bonne faisant son marché (B. 61), 3 ép. *d'états différents*. — La Gardeuse d'oies (B. 62), 2 ép. *d'états différents ;* ens. 6 pièces, très belles ép., une *signée*.

1111 — **Platier**. Les Grisettes de Paris, suite de 19 litho., in-4° en larg., numérotées de 1 à 19. — Croquis d'expressions, Macédoine, etc., 5 litho. coloriées; ens. 24 pièces, belles ép.

1112 — **Porret**. Benvenuto Cellini, *d'après Eug. Giraud*, grand bois, in-folio en haut., pour une affiche du théâtre de la Porte Saint-Martin ; très belle ép. sans marges.

Belle pièce non citée par M. H. Béraldi.

1113 — 4 bois in-18, *d'après Tony Johannot*, pour un ouvrage de l'époque romantique, tirés sur chine, 2 à la feuille.

Un de ces bois est de *Cherrier*.

1114 — **Potemont** Martial . Le Général Grant, portrait et notice. — Les Cancalaises, *d'après Feyen-Perrin*, sur japon. — La Femme au perroquet, *d'après Courbet*, sur chine. — Lettre sur les éléments de la gravure à l'eau-forte. — Un Jeune Citoyen de l'an V, *d'après Jules Goupil* B. 27. — Tête de jeune femme, pointe sèche. — Rue du Gindre, 1er *état*, tirée à 10 ép. n° 7 ; ens. 11 pièces, très belles ép. *Signées*.

1115 — **Poterlet** H... Le Nouveau-né, *d'après Bouguereau*, très belle ép. d'artiste sur parchemin, avec remarque. *Signée*. — Sujets lithographiés *d'après Rembrandt*, 4 sujets en 2 feuilles, ens. 3 pièces.

1116 — **Potter** (Louis). Eaux-fortes originales, imprimées en couleurs : An American girl (n° 1/40). — Au port. (n° 7/50). — Marché aux fromages à Alkmar (n° 3/50). — Portrait of Miss Y. (n° 6/40); ens. 4 pièces, très belles ép. *Signées.*

1117 — **Prud'hon** (P.). Une Lecture, litho. originale (B. 2), très belle ép. sur chine.

1118 — **Prunaire** d'après **L. Dünki.** Suite complète de 20 Eaux-fortes pour illustr. les Ragionamenti ou dialogue du divin Pietro Aretino. *Paris. Liseux,* 1882, ép. sur japon en noir *avant la lettre.*

1119 — **Raffaëlli** (J.-F..). Son Portrait par lui-même, pointe sèche en couleurs (*1er état*), sur japon. *Signée.* (B. non décrit).

1120 — Le Chiffonnier éreinté, pl. in-fol. (B. 1), très belle ép. d'artiste *avec dédicace*, sur japon. *Signée.* — Le Boulevard des Capucines (B. 2); ens. 2 pièces.

1121 — Au Bord de l'eau, pointe sèche en couleurs, très belle ép. d'artiste sur japon. *Signée* et numérotée.

1122 — Le Chemineau, pointe sèche en couleurs, très belle ép. d'essai, sur japon. *Signée.*
> Tirée à 5, pl. détruite.

1123 — Le Déménagement, pointe sèche en couleurs, très belle ép. de l'*état définitif*, sur hollande. *Signée.*
> Tirée à 30 ép.

1124 — Le Terrain vague, pointe sèche en couleurs, 3e *état.* sur hollande. *Signée.*
> Tirée à 30 ép.

1125 — **Raffet** (A.). Affiche pour l'Histoire de Napoléon, par Norvins (G. n° 121), très belle ép. de premier tirage. R. R.

1126 — Napoléon (affiche pour l'Histoire de), par M. de Norvins (G. 122), très belle ép., *coloriée* (R.).

1127 — Analyse de la pensée, 1er dessin de l'Association (G., 142), très belle ép. sur chine, plus un double sur blanc.

1128 — Combat d'Oued-Alleg (G. 83). très belle ép. sur chine, avec l'adresse de la rue du Bac.

1129 — Campagne d'Égypte (G., 400). — Conquête de la Hollande (G., 402 . — Demi-bataillon de gauche... joue... feu !... Chargez G. 418). — De quoi vous plaignez-vous ? (G. 407 . — Italie, 1796 (G. 410,. — L'Ennemi ne se doute pas que nous sommes là ! (G.. 411). — Vive la ligne ! G. 346 . — Ma Fille, la contrariété me tourne sur le cœur (G.. 277 .— L'Ennemi est repoussé sur tous les points (G. 285); ens. 9 pièces.

1130 — Combat d'Oued-Alleg (82). très belle ép. de 1re *tirage*. avec l'adresse de la rue Favart. sur chine.

1131 — Portrait de Louis Blanc. 1848 9) R. R., très belle ép. sur chine. (Vente Mène.)

1132 — Le Réveil (85 . très belle ép. sur chine.

1133 — Gare les Albums (283). — Prise du fort Mulgrave (378). — Carré enfoncé 399 . — Conquête de la Hollande (402 : ens. 4 pièces, très belles ép , 1 sur chine.

1134 — Ce Grand dispensateur des biens d'ici-bas 404 . — La Consigne (405). — De quoi vous plaignez-vous? (407). — O hussard ! tes pièges sont connus (408). — Italie (410 . — L'Ennemi ne se doute pas que nous sommes là ! (411). — Ils grognaient, mais le suivaient toujours (414). — Le Terme (416); ens. 8 p.. superbes ép. de 1er *tirage*, sur chine.

1135 — Le Guide (428). — La Revue nocturne (429), 2 ép. sur chine, dont une de 1er *tirage* ; ens. 3 pièces, belles ép.

1136 — Retraite et prise de Constantine : couverture
(536). — Marche sur Constantine (541), 2 ép., dont
une sur blanc, sans marges ; Charge des chasseurs
d'Afrique sur les Arabes (542). — Marche sur Constantine 544, 2 ép., dont 1 sur chine. — Les Arabes
signalant l'approche de l'armée française 546). —
L'armée prend position devant Constantine 547. —
Assaut 550. — Fuite des Arabes de Constantine
555 ; ens. 10 p., très belles ép.

1137 — Vignettes gravées à l'eau-forte, extraites du *Musée
de la Révolution, Napoléon en Egypte, Histoire de
France*, par l'abbé *de Montgaillard*. 40 planch., belles
ép., plusieurs sur chine quelques ép. mouillées).

1138 — **Raffet** *d'après*. 14 Vignettes sur 30, pour illustrer les œuvres de Paul de Kock B. 864-893, avec
encadrement de Bertall, gravé par Demangeot.

1139 — **Rajon** P.. Le Graveur à l'eau-forte B. 16),
d'après Meissonier. — La Prière, *d'après Chalmers*
B. 76.— L'Oiseau mort, *d'après F.-W.* B. 86, ép. de
remarque.— La Femme au chapeau de paille, *d'après
Rubens* B. 91 ; ens. 4 p., très belles ép. d'artiste.

1140 — Marchande de fleurs, *d'après Murillo* (B. 93). —
Portrait de Mlle Delaporte B. 120. — Alexandre Dumas père B. 121. — Vuillemot, cuisinier (B. 130).
— Paul Baudry B. 146 ; ens. 5 p., très belles ép.
d'essai ou d'artiste.

1141 — Robert Dyck B. 152. — Thomas Edwards,
d'après Reid B. 153.—Lord Gower, *d'après Millais*
B 155. — Le Révérend père Martineau, *d'après
Watts* B.152.— Portrait de Nasmith, *d'après Reid* B.
166. — L'Homme à la longue barbiche (B. *non décrit*. — Many Gonse *non décrit*. — Mme Claveland
non décrit. — Le Reposoir, *d'après L. Deschamps*,

2. ép. *d'états différents*. — Portrait de Whistler, héliogravure ; ens. 11 p., très belles ép. d'essai ou d'artiste. Une *signée*.

1142 — Portrait de F. Bracquemond, peintre-graveur (B. 147), *d'après lui-même*, très belle ép. sur hollande.

1143 — **Portrait de Darwin**, d'après *Ouless*, très belle épreuve sur hollande (B. n° 147 *bis*).

1144 — Henry Pochin, chimiste, d'après *Ouless*, superbe épreuve d'artiste. *Signée*. (B. 168.)

1145 — **Ramus** (Ed.). Un Janissaire, *d'après Fabrès* (B. 23). — Les Amateurs de tableaux, *d'après H. Daumier* (B. 15); ens. 2 pièces, très belles ép. d'artiste.

1146 — **Ranft** (R.). L'Anglais aux Folies-Bergère, eauforte en couleur, très belle ép. Signée.

Tirée à 50 exemplaires, n° 11.

1146 *bis* — Bal paré, eau-forte en couleurs, belle épreuve sur hollande. Signée et numérotée, 3° épreuve.

1147 — **Rassenfosse** (A.). La Belle Hollandaise, sur japon, en couleurs. — Le Joujou, sur japon, en coul. Signée. — Étude de femme, au vernis mou, buste nu, coiffée d'un bonnet à ruban noir. — Grande planche d'essais de différents genres de gravure, comprenant 10 croquis, sur hollande. Signée. — Femme nue avec chapeau à plume et bas noirs, pointe sèche, sur holl. Signée ; ens. 5 pièces, très belles épreuves.

1148 — **Réalier-Dumas**. Napoléon, estampe affiche, lithographiée en cinq couleurs, une des 100 épreuves d'artiste, numérotée 16 et *signée*.

1149 — **Redon** (Odilon). Lithographies originales : Araignée, tirée à 25 ex., in-f° en haut., sur chine. — Un Fou dans un morne paysage (pl. 3) sur chine. — Tête de femme, avec diadème à pendeloques, in-12° en haut, sur japon ; ens. 3 pl., belles épreuves.

1150 — **Yeux clos**, in-f° en haut.. très belle ép. sur chine.
Tirée à 50 exemplaires.

1151 — **Reliures**. Types de reliures de plusieurs époques, 114 pl.. en un portefeuille (quelques-unes en couleurs).

1152 — **Rembrandt**. L'Œuvre de Rembrandt, grandes planches. 18 pièces en un portefeuille.

1153 — **Renouard** (Paul). Eaux-fortes sur l'Opéra, planches dépareillées : Visite sur les toits de l'Opéra. — Le Charpentier en retraite. — L'Escalier des classes. — Le Comparse; ens. 4 pièces, belles épreuves sur hollande.

1154 — **Eaux-fortes sur l'Opéra**, suite de 27 planches, comprises dans 5 séries, avec couvertures illustrées, en portefeuille.
Bel exemplaire de la première publication de cette suite qui, remaniée et augmentée, a été publiée avec un texte.

1155 — Gambetta sur son lit de mort, très belle ép. sur japon.

1156 — Premier acte de l'Africaine, grande planche, très belle ép. sur hollande.

1157 — La Nourrice. — Etude d'enfants. — 2 Danseuses et Violoniste. — Menu aux 7 médaillons, 25 décembre 1885, avec le menu en lettres gothiques, rouge et or. — Feuille de 8 croquis de chiens; ens. 5 pièces, très belles épreuves.

1158 — **Ribot** (Th.. Portrait de M. Emile Cardon. — Simone et son Curé. — Une grande Douleur. — Poulet plumé; ens. 4 pièces. très belles ép. d'artiste sur différents papiers.

1159 — Recueillement! Tête de jeune fille de profil, à gauche, les cheveux épars sur le dos, in-4° en haut., très belle *ép. d'essai* sur holl. Signée, envoi effacé. —

Paysans basques, in-8° en larg., au 1er plan, 3 hommes coiffés de béret, une femme et un enfant, 2 épreuves, dont une d'essai, les marges non nettoyées. —
Portrait de sa Fille ? in-8° en haut., sur hollande.
Signée, presque de face, légèrement tournée à droite,
le visage blanc, les cheveux tombant sur les épaules;
ens. 4 pièces.

1160 — Portrait de M. Cadart père, sur vélin, in-4° en
haut. — Menu, in-18° en haut. — 3 Marmitons, sur
chine; ens. 2 pièces, très belles épreuves.

1161 — 6 eaux-fortes, par Ribot, titre. — Les Éplu-
cheurs. — Le Déjeuner des cuisiniers. — L'Aide de
cuisine. — La Carte; ensemble 5 pièces, très belles ép.
sur hollande, 4 avec dédicace à Cadart et signées.

1162 — **Ripple-Ronai** J., Portrait de F. Liszt, d'après
Munckacsi, très belle ép. d'artiste sur japon. Signée
du peintre et du graveur.

1163 — **Rivière** H. Troupeau de moutons paissant
devant un village; *bois original* en couleurs, superbe
ép. sur japon, ép. avec le cachet de l'artiste.

1164 — Calme plat, *bois original* en couleurs, très belle
ép. sur japon, timbrée.

1165 — Le Beau Pays de Bretagne, lithogr. en coul., tirées
à 100 ép. numérotées et signées.— Maisons de pêcheurs
à Tréboul. — Lever de lune sur les bords du Trieux.
— Sortie de bateaux à Tréboul. — La Marche à
l'Étoile, 1re affiche et une pièce de l'album : La Tentation de Saint-Antoine ; ens. 6 pièces.

1166 — La Vieille Bûcheronne, 2 ép. sur japon, tirées de
différentes teintes. — La Guillotine, 1er *état*, sur hollande. — 2e *état* terminé sur japon. — Autre ép. terminée, tirée en coul.; ens. 5 eaux-fortes dont une timbrée.

1167 — Paris la nuit. — Les Rôdeuses de nuit à Paris, eau-forte en couleurs, sur hollande. Signée. — L'Enterrement, temps de pluie, *1er état*, sur japon. — Les Croque-morts, *2 états*, dont 1 d'eau-forte pure, sur japon, timbrées : ens. 4 pièces, très belles ép.

1168 — **Rixens**. Fragment du Centenaire, (Carnot et 3 études de têtes), in-8° en largeur. Signée R. — 6 études de têtes, femmes et enfants, in-8° en largeur. Signée ; ens. 2 eaux-fortes, très-belles ép. sur japon.

ROBBE (Manuel).

1169 — La Balançoire, in-4° en larg. — Le Marché aux fleurs, in-folio en haut. ; ens. 2 pièces, très belles impr. en couleurs. *Signées.*

1170 — La Critique, pointe sèche, superbe ép. imprimée en couleurs. *Signée* et numérotée 8/25.

1171 — La Femme à l'éventail, très belle ép. imprimée en couleurs. *Signée* et numérotée 36/50.

1172 — Femme nue, assise et mettant ses bas. — La Visite matinale ; ens. 2 p. imprimées en couleurs, très belles ép. *Signées.*

1173 — Jeune Femme se déshabillant, très belle ép. imprimée en couleurs. *Signée.*

1174 — Le Bal public, très belle ép. imprimée en couleurs. *Signée.*

1175 — Le Miroir, aquatinte, très belle ép. imprimée en couleurs. *Signée.*

1176 — Un Marin, très belle ép. imprimée en couleurs. *Signée* et numérotée 2/50.

1177 — La Liseuse nue endormie, très belle ép. imprimée en couleurs. *Signée.*

1178 — La Lettre, très belle ép. imprimée en couleurs, *Signée.*

1179 — Femme nue accroupie, très belle ép. imprimée
en couleurs. *Signée*.

1180 — Le Divan, très belle ép. imprimée en couleurs.
Signée et numérotée 1/7 (planche détruite).

1181 — L'Enterrement, superbe épreuve *d'essai* imprimée en couleurs. *Signée*.

DE ROCHEBRUNE (O.)

1182 — Château de Chambord, vue prise sur les ter-
rasses (B. 160).
Très belle épreuve avant la lettre.

1183 — Château de Chambord, flanc oriental B. 123.
Très belle épreuve avant la lettre.

1184 — Cour intérieure du Château de Blois, très belle
ép. (B. 95).

1185 — Louvre. Façade de Henri II (B. 129.
Très belle épreuve *avant la lettre*.

1186 — Ex-libris de Rochebrune (B. 127), planches
diverses pour *Poitou et Vendée*, *l'Art de terre chez
les Poitevins*, etc.; ens. 8 eaux-fortes, belles ép. sur
hollande.
Nous y joignons un portrait de Benjamin Fillon, d'après
J. Leman, sur japon.

1187 — Façade de l'Hôtel de Ville de La Rochelle, cons-
truite en 1606, très belle ép. (B. 87).

1188 — Maison carrée à Nimes (B. 240).
Très belle épreuve avant la lettre.

1189 — Maison de Jacques Cœur, à Bourges B. 215.
Très belle épreuve avant la lettre.

1190 — Musée de Cluny 138.
Très belle épreuve avant la lettre.

1191 — Notre Dame de Paris, belle épreuve (B. 118).

1192 — Œuvres de M. Octave de Rochebrune, architecte, sculpteur, peintre, lithographe, graveur, etc. *Fontenay*, 1860, in-f° cartonné.

> Album factice comprenant 185 planches lithographiées ou gravées en épreuves d'état ou d'essai ; précieux album composé par M. Hanaël-Jousseaume, de planches tirées au jour le jour sous ses yeux, par son ami de Rochebrune et relative pour la plupart à la Vendée ; 4 très rares eaux-fortes de Benjamin Fillon sont comprises dans cette réunion.

1193 — La Sainte-Chapelle (B. 221).

> Très belle épreuve avant la lettre.

1194 — **Rodin** (Aug.). Portrait d'Antonin Proust. (Roger Marx, n° 9), tr. belle ép. sur hollande, *avec dédicace autographe. Signée*.

1195 — **Roqueplan** (C.). Lithographies originales : Le Chasseur breton (Hédiard 2), 2ᵉ *état non décrit* (les filets effacés). — Le Parc (H. 13), 2ᵉ *état*. — Courses (H. 3, 2ᵉ *état non décrit*, avec les filets effacés, 9 lith. diverses B. nᵒˢ 11, 24 à 29, 31, 60) ; ens. 12 p.

1196 — **Rothenstein** (W.). Portrait d'Aug. Rodin. — Portrait de Seymour-Haden, 2 lith. grand in-4° en haut., ép. d'artistes. *Signées*.

1197 — **Roubaud** (B). Panthéon charivarique : Littérateurs, peintres, sculpteurs, dessinateurs, acteurs, chanteurs, etc., de l'époque romantique ; suite complète de 100 lithographies, belles épreuves de tirage à part (plus 4 doubles avec texte), en 2 portefeuilles.

1198 — **Rousseau** (Th.). Vue de Berry, eau-forte (B. 1), tr. belle ép. sur hollande.

1199 — Vue du plateau de Bellecroix (B. 2), tr. belle ép. sur papier ancien.

1200 — Chênes de roches (B. 4), tr. belle ép. tirée en noir bistré sur papier ancien.

1201 — **De Rudder**. Je ne peins que l'Histoire... Wellington chez le peintre David, belle ép., *imprimée en couleurs*.

1202 — **Ruet** (L.). Retour du marché (Kabylie), *d'après B. de Monvel*; eau-forte, tr. belle ép. de remarque, sur japon, avec dédicace. *Signée*.

1203 — **Sadoux** (E.). Le Château de Chantilly : Vue de la façade. — Le Château de Chantilly : Vue de la façade, vue prise sur les jardins; ens. 2 p., tr. belles ép. avec remarque sur parchemin. *Signées*.

1204 — **Saint-Marcel** (E.). Bœufs traversant une mare (L. Delteil, n° 2), tr. belle ép. du *3e état*, avec la date. — Berger et bergère conversant (L. D. 1), 2 tr. belles ép. des 2e et *3e états;* ens. 3 p. sur chine et sur hollande.

1205 — **Salmon** (Ém.). La Réprimande, d'après J. G. *Vibert*, tr. belle ép. d'artiste sur japon.

1206 — **Schenns** F. . Le Crépuscule. in-f° en larg., tr. belle ép. de remarque, sur japon. *Signée* 1881.

1207 — **Seurat** (G.) et **Signac** (P.). A la Vitrine du joaillier. — Femme à la fenêtre. 2 lith. in-18. — **Singer** (Mme W.). Buveuse. pointe sèche. — **Solon** (L.). Jinglar, eau-forte sur chine. tr. belle ép. avec dédicace à Burty. — **Staal** (G.), **Thérond**. Vignette pour les Mémoires d'une honnête fille de Delvau. 2 ép. en bistre et sanguine, sur chine. — Frontispice pour Th. Gautier, par *Thérond*, sur chine; ens. 7 p.

1208 — **Sevrette** (J.). Futurs marins, *d'après Edelfelt*. sur japon, avant lettre. — **Platt**. The market Slip. St-John, N. B. at Ebb. tide; ens. 2 p. tr. belles ép.

1209 — Les Orphelins, *d'après Salmson*. tr. belle ép. avec remarque, sur japon. — Le dernier Deuil, *d'après Fourié*, tr. belle ép. d'artiste sur japon; ens. 2 p.

1210 — **Simon** (L.). Famille bretonne, lith. en couleurs, tr. belle ép. sur chine. — **Vuillard** (E.), Vieille dame à table, lith. originale, tr. belle ép. d'artiste. *Signée.* — **Wagner** (T.-P.). La Loge des clowns, lith., belle ép. sur japon; ens. 3 p.

1211 — **Sirouy** (A.). Portrait de Mouilleron, lith. d'après *Miniszch*, tr. belle ép. d'artiste sur chine. *Signée.* — Vénus et Adonis, *d'après Prud'hon*, tr. belle ép. d'artiste sur chine. *Signée;* ens. 2 p.

1212 — **Somm** (Henri). Pointes sèches originales : Japonisme (B. 35). — Planche de 7 croquis (32). — Femme au grand chapeau (37). — Lettre d'Invitation, Arts incohérents (57). — Bonne d'enfant et militaire, etc. — Almanachs 1881, 1890, 1891; ens. 9 p., tr. belles ép. d'artiste ou d'état sur différents papiers, plusieurs *signées.*

1213 — **Soulange-Tessier.** Un Chenil, *d'après Decamps.* — Le Héron et l'escargot, *d'après Ph. Rousseau;* ens. 2 pièces sur chine.

1214 — **Steinlen** (A.). Litho. originales, compositions reproduites pour illustrer le *Chambard Socialiste*, 30 pièces, très belles ép. numérotées.
> Collection complète, très rare.

1215 — La Rencontre (filles et souteneurs), litho., in-folio en haut., très belle ép. sur chine. *Signée.*

1216 — Titres de Musique, 7 litho. noires ou coloriées, ép. avant la lettre. *Signées, numérotées.*
> L'Aveu de la faute. — Muguette. — La Râfle. — Prière marmitale. — Femme de chagrin, (coloriées). — Femme de chagrin. — Déclaration, (noires). — Nous y joignons 6 pièces du *Gil Blas* et *Paris illustré.*

1217 — Un Bal public, photolitho. sur chine. — La République unit les travailleurs, litho. sur chine (du *Chambard*). — Les Pauvr' p'tits fieux, sur chine. —

Gavotte. — Les Gavroches. — Boulevard des Capucines, 4 titres de musique; ens. 6 pièces.

1218 — Le Guet (filles, la nuit sur les boulevards extérieurs), litho., très belle ép. d'artiste sur chine. Signée.

1219 — **Stewart** J. Jeune Femme au collet de fourrure, de profil à gauche, pointe sèche, très belle ép. *Signée.*

1220 — **Stop. — De Valmont**. Acteurs. Actrices, Chanteurs, Cantatrices. Compositeurs. Écrivains. Journalistes; 22 portraits litho. sur une feuille, par Stop.

> Les Jeunes, les Vieux, 2 litho., par *Stop*. sur chine. — L'Engagement, une Soirée au spectacle, 2 litho. coloriées, par *Aug. de Valmont*. — Eh bien, tiens... ne crie plus, litho. colorié par J.-S.; ens. 6 pièces. belles ép.

1221 — **Sunyer**. Promenade sentimentale au jardin du Luxembourg, eau-forte, imprimée en couleurs (n° 12/25). *Signée.*

1222 — Café Concert des fortifs, eau-forte en couleurs, très belle ép. sur hollande. *Signée.*

1223 — La Blanchisseuse, eau-forte en couleurs, très belle ép. sur hollande. Numérotée et *signée* (n° 19/30.)

1224 — Un Cabaret de nuit, eau-forte en couleurs, très belle ép. sur hollande. Numérotée et *signée* (n° 5/30).

1225 — **Sylvestre** (J.-E.). Margot s'en va-t-en guerre, pointe sèche, japon. *Signée.* — **Tassaert**. Vous nous le paierez, litho. sur chine. — **Tavernier**. — Sganarelle, le Médecin malgré lui, 2 pièces, d'après Grandville, très belles ép.; ens. 4 pièces.

1226 — **Thornley** (G.-W.). Le Derby à Epsom, litho., d'après *Géricault*. très belle ép. d'artiste *avec remarque*, sur japon. *Signée.*

1227 — 15 litho. d'après *Degas, Paris, Boussod et Valadon*, album in-fol., couverture illustrée.

> Tirage à 100 exemplaires.

TISSOT (J.).

1228 — La Convalescente (B. 1). — Le chapeau Rubens
(B. 2). — A la fenêtre (B. 3) ens. 3 pièces, très belles
ép. *Signées* et timbrées.

1229 — Premier frontispice au monogramme (4). —
Assise sur le globe. 2e frontispice (5). — Le Premier
Soldat tué que j'ai vu (12 , 2 ép.; ens. 4 pièces, belles
ép. Timbrées et *signées*.

1230 — Querelle d'amoureux (11), très belle ép. Timbrée
et signée.

1231 — Sur la Tamise (13), très belle ép. *Timbrée*.

1232 — Miss B... (14). Rare. — Miss L.. (il faut qu'une
porte soit ouverte ou fermée) (16). — Le Foyer de la
Comédie-Française pendant le siège de Paris (20). —
L'Auberge des trois corbeaux (22); ens. 4 pièces, très
belles ép. d'artiste. Timbrées, 2 *signées*.

1233 — Ramsgate (15). — La Galerie du Calcutta (18);
ens. 2 pièces, très belles ép. d'artiste. Timbrées et
signées.

1234 — Entre les deux mon cœur balance (23). — Printemps (27); ens. 2 pièces, très belles ép. Timbrées et
signées du tirage de Delâtre.

1235 — Printemps (27), sur japon. — Trafalgar Tavern
(28), *tirage de Delâtre*. — Le Joueur d'orgue (30),
tirage de Delâtre. — Mon jardin à St-John's Wood
(31), *tirage de Delâtre*, sur japon. — Campement au
parc d'Issy, Souvenir du Siège de Paris (33), *tirage
de Delâtre* ; ens. 5 pièces, très belles ép. d'artiste. Timbrées et *signées*.

1236 — Sur l'herbe (41). — Rêverie (43), *tirage de Delâtre*. — Soirée d'été (47) ; ens. 3 p., très belles ép.
d'artiste. Timbrées et *signées*.

1237 — L'Enfant prodigue, titre 48 . — En Pays étranger 50 . — Le Retour 51 ; ens. 3 p., très belles ép. d'artiste. Timbrées et *signées*.

1238 — Berthe 55 . — Louise, 1re eau-forte de l'artiste *non décrite* 1861, avec les vers. — René Mauperin. par MM. de Goncourt. 8 pièces sur 10. 53-62 ; ens. 10 p., très belles ép., la plupart *signées*.

1239 — Le Banc de jardin B. 66 , superbe ép. d'artiste avec dédicace. *Signée et datée* : Déc. 1882 à R. Guéraut (Imprimeur).

1240 — La Femme à Paris : l'Ambitieuse 68 . — Ces Dames des chars 69 . — La Mystérieuse 71 . — La plus jolie Femme de Paris 72 ; ens. 4 pièces, très belles ép. d'artiste. Timbrées et *signées*.

TOULOUSE-LAUTREC (H. DE .

1241 — Un Thé en Angleterre, très belle ép. d'artiste, sur japon. *Signée*.

1242 — Linder en costume de ville, très belle ép., imprimée en couleurs.

Tirée à 12 épreuves.

1243 — Procès Dupas-Arton. 3 pièces, très belles ép. — Arton déposant. — Soulais déposant. — M. Ribot déposant.

1244 — Valentin et Grille d'égout dansant. très belle ép. *Timbrée* et numérotée.

1245 — Leloir et Brandès. très belle ép. *Timbrée* et numérotée.

1246 — La Modiste. — La Loge. — La Coiffure, 3 programmes du Théâtre Libre. belle ép. sans texte. 2 *signées*.

1247 — Linder et Baron. — Emilienne d'Alençon aux Quat'zarts. — Les Pudeurs de M. Prudhomme ; 3 p.

de *l'Escarmouche*, très belles ép. timbrées et numérotées.

1248 — Au Moulin-Rouge, lith. en coul., très belle ép.
numérotée et *signée*.

1249 — La Blanchisseuse, lith. sur teinte, très belle
épreuve.

1250 — Far Niente (*Elles*), très belle ép. n° 13.

1251 — Ida Heath au bar des Folies-Bergères, ép. *timbrée* et numérotée : 9.

1252 — Ida Heath dansant, épreuve *timbrée* et numérotée 19.

1253 — Leloir dans *Les Femmes Savantes*. — Lugné-
Poé, dans *L'Image*, 2 ép. *timbrées* et numérotées,
très belles ép.

1254 — La Loge (M. et dame dans une loge à l'Opéra),
lith., très belle ép.

    Rare.

1255 — Linder debout en costume de ville, très belle ép.
timbrée et numérotée 13/15.

1256 — Le Matin : au pied de l'échafaud. — Le Divan
japonais. — Reine de joie. — Trois affiches en couleurs.

1257 — Le Pendu, lithog., in-f° en haut., superbe ép. de
la pierre originale.

    Fort rare.

1258 — Titres de musique, 10 lithog., ép. *signées* et numérotées, sur chine ou sur blanc, la plupart coloriées

    Carnot malade, noire et coloriée. — Sagesse, coloriée. —
(Pour toi) le Bassoniste, coloriée. — Pauvre picireuse, coloriée. — Ta Bouche, coloriée. — Ultime ballade, noire et
coloriée. — Étude de nu, coloriée. — Nuit blanche, coloriée.

1259 — Yvette Guilbert en scène, gantée de noir, le doigt sur la bouche, ép. *timbrée*, numérotée 23.

1260 — **Toussaint** H. . La Promenade au bord de la mer, *d'après L. Abbema*, ép. d'artiste, sur hollande.— **Valentin** et **Lebrun**. Fantaisies gravées à l'eau-forte, d'après Malenton : titre, 1851, très belle ép., sur hollande. — **Valerio**, Bachi-bozoucks de l'armée d'Anatolie. — Chef albanais. 2 p., sur chine ; ens. 4 p.

1261 — **Traviès** C.-J. . Écrivain politique. — Le Mendiant. — Profond politique. — Galerie physionomique, n° 30. — Histoire naturelle. — L'Épicier. — Le Bottier, 6 lithog. coloriées. — Mayeux et Robert-Macaire, suite de 6 pl. lithog. — Un Scélérat de neveu, suite de 6 lithog. — Le Perruquier du faubourg. — Le Barbier du village, 2 lithog. — Club jésuitique, sur chine ; ens. 21 p., très belles ép.

1262 — Monsieur Mayeux, suite complète (?) de 40 p., belles ép.

1263 — **T'Scharner**. Après l'hiver. — Crépuscule. — La Meuse à Jupille. — Un soir d'hiver. 4 eaux-fortes originales. — Eaux-fortes par Louis Ghémar, Hannon, Hippert, Marcette, Mars, E. Puttaert, Taelemans, Vaillant, Verveer, Vanderhecht, Savile Lumley ; ens. 19 p., plusieurs avant la lettre.

1264 — **Vallotton** F. . L'Anarchiste. — Bois. — Les Amateurs (couverture du catalogue Ed. Sagot).— Le Bois. — Au violon. — Portrait de Barbey d'Aurevilly, A. Daudet, Alex. Dumas fils, L. Pasteur, J. Richepin, E. Zola. 7 lithog. ; ens. 9 p.

1265 — Bois originaux : L'Étranger. — L'Enterrement. — Le Couplet patriotique. — La Dispute. — L'Absoute. — Le Mauvais pas. — Le Beau soir. — La Charge. — Une Foule ; ens. 9 p., très belles *ép. signées*.

1266 — Lithographies et gravures sur bois, 10 p.

Gustave Flaubert — Immortels, passés présents ou futurs: titre et couverture. — A Ibsen. — César, Socrate, Jésus, Néron. — Portraits de l'artiste, de Uzanne, Berlioz, Baudelaire, Wagner, Verlaine.

1267 — **Veber** Jean . Bataille de dames, lithog. en couleurs, ép. de remarque, sur chine. — Dorothy, portrait de jeune fille, sur chine ; ens. 2 p.

1268 — Les Lutteuses, lithog. en couleurs, superbe ép. d'artiste, avec 2 remarques, sur japon impérial. *Signée et numérotée* 14.

Pièce capitale, tirée dans cet état à 20 ép. seulement.

1269 — **Vergnes** C. . Tête d'homme, lithog., *d'après Th. Ribot*, ép. d'artiste, sur chine. *Signée.*

1270 — **Vernier** E. . La Vallée d'Ornans. — La Vallée de la Loue, 2 ép., *d'après Courbet*, sur chine.

1271 — **Vernier, Ed. de Beaumont, Cicéri, Bouchot.** Caricatures extraites du *Charivari*, pendant les années 1848 à 1851 ; ens. 85 p. en un portefeuille.

1272 — **Veyrassat** J. . La Prière du matin en Bretagne, *d'après Ed. Frère* B. 16 . — La Fête de la mère, *d'après Ch. Marchal* B. 19 . — Le Goûter des moissonneurs B. 31, ; ens. 3 p., belles ép. d'artiste, 2 sur chine.

1273 — **Vibert** J.-G. . Jeune homme vu de profil à gauche, une canne sous le bras, essai d'aquatinte, *d'après Boissieu*, in-18 en haut., *ép. unique*, accompagnée d'une lettre autographe à Mène, relative à cette pièce.

1274 — **Vidal** Pierre . Chez Maxim's, eau-forte, en couleurs, superbe ép. Signée.

1275 — **Vierge** D. . Étude, Femme à la cigarette B. 4 , exécutée de la main gauche, très belle ép. sur japon.
— **Vierge** D'après Daniel . Fumés, sur japon de bois,

gravés d'après ses dessins, par Beltrand, Dété et autres, 4 p., une avec retouches à la gouache ; ens. 5 pièces.

1276 — **Vogel** (H., Mousquetaire, eau-forte, in-12 en haut., jolie pièce. — **Voisin** H.. Le Mont Saint-Michel au péril de la mer, eau-forte, imprimée en 2 tons, sur hollande. — **Wattier** (E.) Couversation dans un parc B. 1 , très belle ép. avant la lettre, sur chine ; ens. 3 pièces.

1277 — **Vogeler** (H.. L'Annonciation. — Le Conte du roi et de la grenouille. — Rêve d'amour. — La Source, 4 eaux-fortes, très belles épreuves d'artiste, sur japon et holl. *Signées*.

1278 — **Vollon** (A.,. A Montmartre, 4 petites pièces en 2 feuilles. — Les Bords d'une rivière, in-4° en larg.; ens. 3 pièces, très belles épreuves.

1279 — **Waltner** (Ch.). — **L'Angélus**, d'après J. F. *Millet*, superbe ép. sur japon (B. 102). *Signée*.
In progress for the proprietor Paris, E. Savary.

1280 — **Lady Campden**, d'après Reynolds (B. 107', très belle ép. d'artiste, sur japon. *Signée*.

1281 — Portrait de Mlle Masson, *d'après Dubois* 50, superbe ép. d'artiste sur hollande, avec dédicace. *Signée* à *Ed. Hédouin*.

1282 — Portrait de G. Ricard 2 , d'après lui-même, M. Vrydags van Vollenhoven 6., Mme Vrydags van Vollenhoven 7, *d'après Ravesteyn* ; ens. 3 ép. d'artiste, sur hollande et sur japon.

1283 — M. Laideguive, d'après *Latour* 9 , très belle ép. d'artiste sur japon.

1284 — L'Étude, d'après *Fragonard*, superbe épreuve d'artiste avec remarque, sur japon B. 11. *Signée*.

1285 — **Le Rabbin**, d'après *Rembrandt* (118), très belle
ép. d'artiste, *sur parchemin. Signée.*

1286 — Salomé, d'après *Henri Regnault*, très belle ép.
d'artiste, avec remarque, sur parchemin (B. 132).
Signée.

1287 — **Watson** (Ch.) Chelsea, eau-forte, très belle ép.
d'artiste, sur hollande. — **Riley** (Th.). Une Rue à
Londres, eau-forte ; ens. 2 pièces.

WHISTLER (G. M. N.)

1288 — Liverdun (W. 4), très belle ép. sur papier ancien.

1289 — La Rétameuse (W. 5), très belle ép. sur chine
collé.

1290 — La Mère Gérard (W. 9), très belle ép. sur chine
collé.

1291 — Titre pour la suite Française (W. 20), très belle
ép. sur japon.

1292 — Reading by Lamplight (W. 25), 2e *état*, très belle
ép. sur hollande.

1293 — The Music-Room (W. 26) 1er *état* très belle ép.
sur papier ancien. (Les Doigts de la main droite de
Seymour Haden ne sont pas indiqués.)

1294 — Un double de *même état* et papier.

1295 — Thames Warehouses, from Thames Tunnel pier
(W. 35), très belle épreuve.

1296 — Wesminster Bridge (W. 36), très belle ép. sur
papier ancien.

1297 — Limehouse (37), très belle ép. sur hollande.

1298 — Cadogan Pier (79), très belle ép. sur hollande.

1299 — Old clothes shop (W. 209), très belle ép. *Signée.*
Les dimensions réelles sont :
Longueur 95 millim., haut. 162 millim.
au lieu de 70 millim. haut. 102 millim.

1300 — La même pièce, très belle ép. sur hollande.

1301 — Tyzac, Whiteley et C° (Eagle Wharf), très belle
ép. sur japon (W, 39).

1302 — The Pool (W. 41), très belle ép. sur papier ancien.

1303 — Thames Police (W. 42), très belle ép. sur hollande.

1304 — Billingsgate (W. 45). 2° *état*, très belle ép. sur
japon.

1305 — The Lime Burners (W. 44), très belle épreuve sur
papier ancien.

1306 — Vénus (W. 56), très belle ép. sur papier ancien.

1307 — Rotherhithe (W. 60), très belle ép. sur papier ancien.

1308 — The Forge (W. 63), très belle ép. sur hollande.

1309 — Millbank (W. 67), très belle ép. sur hollande.

1310 — Amsterdam, etched from the Tolhuis (W. 82),
très belle ép. sur japon pelure.

1311 — The Model Resting (W. 87), très belle ép. sur
japon.

1312 — Florence Leyland (W. 96), très belle ép. sur japon.

1313 — Two Ships (W. 116), très belle ép. sur hollande.

1314 — The little Venice (W. 149), superbe épreuve. *Signée*.

1315 — Nocturne (W. 150), superbe épreuve sur hollande.
Signée.

1316 — Le Petit Mât (W. 151), superbe épreuve. *Signée*.

1317 — The Riva (W. 157), superbe épreuve. *Signée*.

1318 — Fruit-Stall (W. 166), superbe épreuve. *Signée*.

1319 — Temple (W. 170), superbe épreuve. *Signée.*

1320 — Salute : Dawn (W. 185), superbe épreuve. *Signée.*

1321 — Fishing Boat (Venice) W. 178), bateaux de pêche, filets étendus sur la droite et au fond, vue du dôme de l'église Del Salute, très belle ép. *Signée.*

1322 — Fish-Shop, Venice (W. 188), superbe épreuve. *Signée.*

1323 — Etude de Femme, vêtue à l'antique, tenant un éventail, étendue sur un canapé, superbe ép. sur japon pelure, tirée en couleurs.

1324 — Vieilles Maisons en Bretagne, lith. en couleurs, très belle ép. sur japon.

1325 — La Nuit, lithographie en couleurs, superbe ép. sur chine bleuté.

1326 — La Lecture jeune femme, jambes repliées, lisant un journal, très belle ép. sur chine. *Signée.*

1327 — Le Travesti vénitien, lith. en couleurs, très belle ép. sur japon pelure.

1328 — Jeune femme assise de face, coiffée d'un chapeau à plume droite ; lith., très belle ép. sur japon pelure. *Signée.*

1329 — Limehouse, lith., très belle ép. sur chine.

1330 — **Willette** Ad. . Lithographies originales : La Blanchisseuse du Paradis. — Affiche de l'Exposition Charlet. — Tout Simplement, titre de musique, sur chine. — Centenaire, lith. en médaillon, sur chine ; ens. 4 pièces, très belles ép.

1331 — La Fortune assise (adresse d'Ed. Sagot, avant la lettre. — Villanelle, sur japon. — La Ronde des Compagnons, ou la Veillée rouge, sur japon ; ens. 3 p. très belles ép. d'artiste.

1332 — Le Cuirassier français et l'aigle allemand, très
belle ép. sur japon.

1333 — L'Enfant Prodigue, lith., affiche estampe, superbe
ép. sur chine *avant les adresses de l'éditeur et de
l'Imprimeur*.
> Nous y joignons l'épreuve sur papier ordinaire : ensemble
> 2 pièces.

1334 — Frontispice pour le Catalogue de *l'Exposition
de la lithographie* en 1891 ; superbe ép. de remarque.
sur chine *Signée*.
> Rare.

1335 — Les Funérailles, lithographie, superbe *épreuve
d'essai* de la première pierre *avant le report à cause
de la balafre*.

1336 — Ohé les mœurs.. lithographie. — Les Enfants et
les Mères, lith.. 2 ép.. sur chine ; plus 10 reproductions extraites du *Courrier Français*. — La Fortune,
héliogravure.

1337 — Reproductions de dessins extraits du *Courrier
Français*. 26 pièces extraites du *Courrier Français*
et du *Pierrot*.

1338 — **De Witte**. Buste de femme. pointe sèche, très
belle ép. d'artiste. sur japon. — Intérieur de maison
close, petite pièce. in-32.—Jeune Femme assise tenant
un petit chien, très belle ép. d'artiste sur japon : ens.
3 pièces.

1339 — Jeune Femme debout. pointe sèche. — Les
Laveuses. pointe sèche. — Mère et enfant endormi. —
La Migraine. — Son portrait. — Buste de femme
nue, *état*. — Tricoteuse endormie ; ens. 7 p.. belles
ép. d'artiste. plusieurs *signées*.

1340 — **Zilken** .P.. Profil de fillette blonde, sur papier
vert ancien. — Cornélia, sur chine. — Profil de jeune

fille; ens. 3 p., tr. belles ép. d'artiste. *Signées* et numérotées.

1341 — La Oostport à Delft. — Soir à Etterbeck. — Coin de potager; ens. 3 p., tr. belles ép. d'artiste. *Signées* et numérotées.

1342 — Souvenir de Paris : Vue prise du Pont-Neuf, tr. belle ép. d'artiste sur hollande. *Signée.*

ZORN (A.)

1343 — Portrait de Zorn et de sa femme (B. 16), tr. belle ép. d'artiste, sur japon.

1344 — Portrait de Zorn, un bandeau sur l'œil, et de sa femme lisant, in-8° B. n. d., tr. belle ép. d'artiste, sur hollande. *Signée.*

1345 — La Valse B. 17, superbe ép. *d'état*, sur hollande. *Signée.*

1346 — Portrait de Liebermann 21, tr. belle ép. d'artiste, sur japon. *Signée.*

1347 — Portrait de Mme Simon 24, superbe ép. d'artiste, sur hollande. *Signée.*

1348 — Le Réveil B. 28, superbe ép. sur hollande. *Signée.*

1349 — Portrait d'Ernest Renan, superbe ép. sur japon B. 34 du 1er *état, avant les contretailles sur le dos du livre*, numérotée 25 et *signée.*

1350 — Le Comte de Rosen B. 35, tr. belle ép. sur hollande. *Signée.*

1351 — Dimanche matin, intérieur suédois B. 36, tr. belle ép. sur hollande. *Signée.*

1352 — Intérieur d'omnibus B. *non décrit*), tr. belle ép. sur hollande. *Signée.*

1353 — Vénus de la Villette B. *non décrite*, tr. belle ép. sur hollande. *Signée.*

1354 — Le docteur Marquand B. *non décrit* , superbe
ép. sur japon. *Signée*.

1355 — Mon modèle et mon bateau B. *non décrit*, très
belle ép. sur hollande. *Signée*.

1356 — Irlandaise (B. *non décrite*, tr. belle ép. sur hollande. *Signée*.

1357 — Paul Verlaine (B. *non décrit*, tr. belle ép. sur
japon. *Signée*.

1358 — Mme Cleveland B. *non décrite*, superbe ép. sur
hollande.

GRAVURES ANCIENNES

1359 à 1361 — **Alix** P.-M. . Portraits de Mirabeau et de
Franklin, 2 p. imprimées en couleurs mouillures .
— Portrait de Charles X, pièce ovale. in-12, entourée
d'un double trait carré, tr. belle ép. imp. en couleurs.
— Le dentiste ambulant, par *Wille*. tr. belle ép. imp.
en couleurs ; ens. 4 p.

1362 — **Anonyme** 1826 . Les Parades, suite complète
de 12 lith. coloriées, tr. belles ép., toutes marges.

1363 — **Aubry** et **Martinet**. Généraux du 1er Empire,
d'après Aubry et Martinet, gravés par Charon et
Landelle, 5 p. in-f° en haut., belles ép.
Desaix, Lasalle, Mortier, Sébastiani, Suchet.

1364 — **Caricatures** gravées ou lithographiées sous les
règnes de Louis XVIII, Charles X, 58 p. noires ou
coloriées en 1 portefeuille (plusieurs lots).

1365 — **Caricatures** gravées ou lithographiées, sur le
règne de *Louis-Philippe* et la *Révolution de 1848*, 75
pièces noires ou coloriées en 1 portefeuille plusieurs
lots).

CARICATURES ANGLAISES

1366 — Agamemnon à Great General. — A View from Magdalen Hall, Oxford. — Sir David Dundas K. B. Commander in chief. — A Gentle ride from Exeter Change to Pimlico, 4 pièces, par *Dighton, coloriées.* — Tit for Tat. — To Whetherhall; ens. 6 pièces, belles ép. *coloriées.*

1367 — A Gipsying party returning home through a Storm, par *Th. Lane.* — Smokers. — Snuffers. — The toilet usurped. — The corn laws in full operation ; ens. 5 pièces, très belles ép. coloriées.

1368 — A touch of the Yawns. — Swallowing a pill. — Enjoying a pipe. — A Splitting Head-ache (2 ép.). — Drawned by. Mr. E. esq.; ens. 5 pièces, très belles ép. *coloriées.*

1369 — Four new ways of paying old debts. — Sketches from a fashionable conversazione. — Quadrille, pl. 4 : la Finale. — Ton ; ens. 4 pièces, *coloriées*, tr. belles ép.

1370 — Matrimony, par *J. Gleadah, coloriée.* — Matrimonial ladder, litho. publiée à Londres en 1835, 16 sujets sur une feuille. — A View from Jésus college. Oxford ; A View from Peter House. Cambridge, 2 eaux-fortes en couleurs, par *Dighton*, 1808; ens. 4 pièces, belles ép.

1371 — The Miser, The Hyponchondriac. par *Atkinson.* — The Gin. — Sketches of Character, n° 1. — A master Parson and his Journeyman. — A most delicious ice; ens. 6 pièces, belles ép. *coloriées.*

1372 — Miséries of human life, par Woodward. — The Riva Whiskers by. T. H. *Lane.* — Fashionable Jockeyship, *Gillray ;* ens. 3 pièces coloriées, belles ép.

1373 — *Pièces sur les ballons :* M. Cocking. — The Nassau balloon with the parachute as it ascended. —

The Parachute as it descended by which Mr Cocking lost his life : July 24 th 1837. 3 litho. sur 1 feuille (pub. par *Tregear à Londres* .

1374 — *Pièces sur les voitures et la locomotion.* Posting in Ireland.—An affair of moment.—The disappointment or Retreat in a Shower. — Gallantry at a Discount. — A desagreable tune. — The pleasures of the Rail Road, Shewing the inconvenience of a blow up. — The progress of steam. 2 pièces différentes, par *H. Alken* ; ens. 7 pièces, belles ép. coloriées.

> Les 2 dernières pièces, extrêmement curieuses, représentent des tricycles à vapeur (1829).

1375 — Sketches by Seymour, 7 pièces. — Tregears rum Jockes, n° 7, litho. by *Billy*. — Windsor Castle, The new terrace Windsor Castle, Chain pier. — Brighton, Pavillon. — Brighton, 4 litho. by *Childs* (G. . — The Thames Tunnel, gravure en couleurs avec sa feuille de texte explicative, mai 1837. — Choir of St-Georges Chapel, Windsor Castle, coloriée ; ens. 15 pièces.

1376 — The Sporting Doctor (Comic-Sketches, n° 1). *by William Keath.* — Life in Philadelphia : Dark conversation par Hunt, *d'après W. Summers.* — Trip to Margate, nos 3, 7, 9, 10 : ens. 6 pièces, dont 5 coloriées.

1377 — Christmas Gambols, par *Rowlandson*, très belle ép. coloriée. — Bitter fare or sweeps regaling, par *Rowlandson*, très belle ép. coloriée. — More Miseries or the Bottom of M. Figgs old whiskey broke through, par *Rowlandson* (?), très belle ép. coloriée.

> Nous y joignons 2 grandes pl. composées de gravures sur bois : *Illustrations to Hood's whims oddities*, pub. by Charles Tilt ; en. 5 pièces.

1378 — **Caricatures Coloriées.** Le Carnaval de 1814 ou le Macaroni impérial. — Loge à l'Opéra. — Les

Musards de la Rue du Coq. — M. Garrick, introduc-
teur de modes. — Ouf, qu'il fait chaud (*Suprême bon
ton n° 18*). — Vite soufflons, morbleu, éteignons les
les lumières et rallumons le feu. — Le Calculateur (?),
par J. de Cari. — Liberté de la presse ; ens. 8 pièces,
belles ép. *coloriées.*

1379 — Les Modes anglaises à Paris. — Le Suprême bon
ton, n° 22. — Costumes anglais, bon genre, n° 75.
— Effets merveilleux des lacets; ens. 3 pièces.

1380 — **Caricatures coloriées** de la première Restauration. 8 pièces, belles ép.

> La Belle liminaudière (*sic*) au caffée de mille colonne.
> Palais Royale Paris, par J.-N. 1814. — Promenade des jours
> gras. — Désagrément de rendre ses visites à pieds, le désa-
> grement de levées, marchant. — Le Bain à la Papa. — Le
> Débiteur à la mode, 5 caricatures parisiennes. Le Suprême
> Bon ton, 2 pièces.

1381 — **Caricatures coloriées** de la Restauration et
autres ; ens. 9 p., belles ép. (2 en noir.

> La Discussion. — L'Amateur de tableaux en extase. — La
> Bénédiction nuptiale. — Gardiens de nuit, par *Debucourt*,
> *d'après Norblin.* — La Vaccine en voyage. — Les Anglais
> sortant de chez le restaurateur, à Paris. — Vision de M. de
> la Jobardière, Laocoon, etc.

1382 — **Caricatures et pièces sur la Révolution.** Je
les donne au diable, de bon cœur... — J' savois ben
qu' j'aurions not' tour, 2 pendants coloriés. — Vous
êtes razé (*sic*) M'sieu l'abbé. — Patience, monseigneur, votre tour viendra. — Monseigneur, après une
si longue et si grosse indigestion, les médecins de la
Nation vous ordonnent la Diette. — Hum ! si je l'avais
prévu !... ils ne m'ont laissé que deux chicots. — Jadis, je fus un bon gros moine... mais je suis aujour-
d'hui maigre comme un coucou. — La Princesse des
Abus expirant dans les bras de ses sectateurs. — Dispute des trois ordres ; ens. 9 p. coloriées.

1383 — **Caricatures sur les Russes et la 1ʳᵉ invasion**. — Les Valets de chambre russes faisant la toilette de leur jeune officier. — Les Cosaques en bonne fortune. — Costumes russes, 3 p. coloriées. — Les Aspirants au service ou les militaires impromptus, 2 ép., dont 1 coloriée, ens. 5 p.

1384 — **Copia.—Corbould**. L'Amour vainqueur, *d'après P.-J. Prudhon*, très belle ép. avant la lettre. — The parting hour, par *R. Corbould*, d'après Bromby : ens. 2 p.

1385 — **Debucourt**. La Séparation pendant une nuit d'hiver, belle ép. imprimée en couleurs. — Inutile précaution. — Chacun son tour, 2 ép., *d'après Carle Vernet*.

1386 — **Ficquet**. Portrait de Montaigne, 1772. *d'après Dumoustier*, superbe épreuve, très grande de marges.

1387 — **Gravures anciennes et reproductions**. — Sous ce numéro seront vendues 51 ép., gravures en tirage moderne ou reproductions, par *Callot. Claude Lorrain, Rembrandt, Dürer, Gaspar Isac, Lucas de Leyde, M. Schongauer, Salvator Rosa, L. Gaultier, Boucher, Ingo if, Bruegel,* etc., etc.

1388 — **Macret** et autres. L'Agriculture considérée, *d'après Sergent*, très belle ép. en couleurs. — L'Entreprenant, reproduction d'une gravure en couleurs du xviiiᵉ siècle. — Ainsi va le monde, dédié à tout ce qui reste de potentats en Europe, pièce au lavis, in-8° en larg. — **Simonet** (J.-B.). Les Premiers martyrs de la liberté française ou le massacre de la garde nationale de Montauban, le 10 mai 1790, *d'après Espinasse*. très belle ép., in-f° en larg. a été pliée.

On y joint 6 pièces. Reproduction de scènes ou portraits relatifs à l'assassinat de Marat ; ens. 10 p.

1389 — **Napoléon I**er. Adieu de Napoléon à son armée, 20 avril 1814, manière noire, par N..., d'après D..., in-f° en larg., ép. doublée.

1390 — **Pièces sur les prêtres et les jésuites.** Je vais t'apprendre, petit Jeanfesse, à mal parler des révérends Pères jésuites, lithog., par Maggiolo. — Satan dit un jour à ses pairs... Éteignons les lumières et rallumons le feu, lithog. coloriée. — Essai de guérison, lithog. de C. Motte, coloriée. — Progrès des lumières, gravure coloriée, mauvais état. — Les Deux rivaux ou Monsieur Mutuel et frère Ignorantin. — Les Deux bons apôtres, 2 p. formant pendants. — La Prière : Dieu, envoyez-nous vite un petit million de Cosaques !!! lithog. coloriée. — Trois lithographies coloriées sur Figaro, lithog. de Delaunois, non signées. — Le Jésuite tricolore, par Robillard ; ens. 11 p.

1391 — **Pièces sur les Cent Jours et la Restauration.** L'Épouvantail inutile, coloriée. — Allons défendre le roi, coloriée. — Portrait de Louis XVIII, par Lignon, d'après J.-B. Augustin. — Brevets de l'ordre de la Girouette et de l'Éteignoir, 2 feuilles ; ens. 5 p.

1392 — Le Matériel perdu. — Camarades, je vais chercher du renfort. — Le Poupard anglo-français haranguant son état-major, le 19 mars 1815. — Les Amours du prince Lagobe. — Les Compagnons d'Ulysse ; ens. 5 p. coloriées, belles ép.

1393 — **Pièces sur les Cent Jours et la Restauration.** Trois têtes dans un bonnet ou le triumvirat des fous. — Journal de l'Empire ou des Débats, suivant les événements, coloriée. — Le Journal royal est mort d'inanition, coloriée. — La Minerve montrant la tête de ses abonnés, coloriée. — La Minerve sur le pot, coloriée ; ens. 5 p., belles ép.

1394 — **Pièces ou caricatures sur la Révolution.**
L'Homme de la cour, 1791, et l'homme du peuple,
1789 au verso, pièces sur les assignats . — Beaure-
paire trait sublime de courage et de dévouement . —
La Liberté do. inant le monde, pièce ovale. par *Dar-
cis*. — La Liberté brisant le joug, statue, gravure
anonyme. — La Liberté, patronne des Français, par
Ruotte et Copia. *d'après Sicardi*. — Buste de la
Liberté, coiffée d'un bonnet phrygien, pièce ovale,
remontée. — Mariage républicain, par Le Grand :
ens. 7 p., belles ép.

1395 — **Pièces sur le Consulat et l'Empire.** Georges Cadoudal, dit Larive, dit Masson. — The plum-
pudding in danger, en couleurs. par Gillray. —
Ancient beauties published by W. Holland. —
Dissention in the cabinet. coloriée. — Lady Squabb
shewing off. or a Punsters Joke, coloriée : ens. 5 p.

1396 — Exécution du duc d'Enghien : « Grâce au ciel !
du moins je mourrai de la mort d'un soldat ». lithog.
de Charles Maignen. — Imprimerie de C. de Lastey-
rie, très belle ép.

1397 — **Rugendas** (Christian . Scènes de batailles et de
la vie des camps, 73 p., dont 58 tirées avec teinte.

DESSINS

1398 — **Dessins originaux.** Sous ce numéro seront ven-
dus, par lots, 71 dessins de *Victor Adam. Andrieux,
G. Belon. E. Bérat, Bertall. Chabrillac, Champfleury*,
Cham. Galice, Heille, Jacque, Jeanniot, A. Lévy,
M. Lévy, Maurin, Montrichard, L. Morin. Poterlet,
L. Sergent, et autres non signés.

1399 — **Dessins anonymes**. Sous ce numéro seront
vendus, par lots, 15 dessins en noir ou en couleurs,
anciens et modernes, non signés ou attribués.

1400 — **Dessins chinois**. 12 aquarelles : Jongleurs, sur
papier de riz, montées sur 3 feuilles.

1401 — **Adam** Victor . La Rentrée de la moisson, aquarelle, grand in-f° en largeur.

1402 — **Albert** Adolphe . Danseuse, monotype 1899,
très belle ép. Signée.

1403 — **Anonyme**. Aquarelle pour *Joconde* vers 1834 ,
in-4° en haut. — Le Joueur de mandoline, aquarelle
sur carton ; ens. 2 pièces.

1404 — Jeune Homme couché méditant, étude pour un
tableau, au crayon rehaussé, in-f° en larg.
Beau dessin.

1405 — **Andrieux**. Un Communard en 1871. Signé et
daté 1871.—Flirt.—Homme fouillant dans son gousset;
ens. 3 dessins au crayon, 2 avec le cachet de la vente.

1406 — Costume de bal masqué 1848 : Cuisinier, aquarelle. — Bourgeois et Artiste peintre. — Soldat d'infanterie armée d'Italie . Signée et datée 1859, aquarelle ; ens. 3 p.

1407 — La Force, 1793. — Un Patriote, 1793, 2 dessins
au crayon rehaussés d'aquarelle. Signés et datés 59.
Deux Ivrognes au cabaret, au crayon. Signé et daté 59;
ens. 3 p.

1408 — **Anquetin**. Croquis d'Homme saluant, à la plume
et au lavis. Signé.

1409 — **Berchère**. Études de dromadaires, deux dessins
au crayon, provenant de sa vente.

1410 — **Bertrand** Albert . Une Après-midi au jardin
du Luxembourg, à la plume. Signé et daté 89.

1411 — **Bodmer** K. . Le Roitelet, aquarelle, in-f° en haut. Signée.

1412 — **Bonvin** F. . Au Banc des Pauvres, croquis à la plume et au lavis, avec la lettre autogr. signée, suivante :

> Voici, mon cher Pothey, le seul souvenir que j'ai d'un de mes tableaux de l'Exposition prochaine, intitulé : *Au Banc des Pauvres*; je ne fais presque jamais d'esquisses.
> Puisse ce griffonnage te suffire.
>
> Amitiés,
> F. Bonvin.
>
> P. S. On me voit où tu m'as écrit.

1413 — **Boulanger** L.,. La Gloire. — La Science. 2 dessins à la plume. Signés.

1414 — Combat des Gonay-Courous contre les Boutacodos, dessin à la plume, légendé.

1415 — **Butin** U. . Paysanne vêtue d'une grande mante à capuchon, crayon Comté. Signé et daté 1880.
Hauteur, 44 millim.: largeur, 26 millim.

1416 — **Camoin** P. . Carrières à plâtre, aquarelle, in-8° en larg. Signée.

1417 — **Carjat** Et. . Portraits. — Charges d'hommes, 2 dessins au crayon. Signés et datés 1880, 81.

1418 — **Cham.** Combat de troupes, dessin à la plume, grand in-4 en larg. Signé A N, daté 1832.
Dessin fait à l'âge de 14 ans.

1419 — **Chaplin** Ch . Femme et Amours, dessin à la sanguine, en forme d'éventail. Signé.

1420 — **Chartran** A. J.. Modèle féminin nu, assis sur une table et fumant une cigarette, au fusain et au crayon Comté. Signé.

1421 — **Charlet.** Croquis à la plume de 3 soldats ivres, in-4° en larg.

1422 — **Chifflart** (F.) Chiffonnier ivre, dessin au crayon, in-4° en largeur. Signé.

1423 — **Cochin**. Etude d'homme nu, vu de face en raccourci, dessin à la sanguine, in-4° en hauteur.

1424 — **Cœuré**. La Femme comme il n'y en a guère, aquarelle in-4° en haut.
   A été gravée.

1425 — **Combe** (Ch.) Les Lorettes: Ira coucher à la Morgue! — Ira coucher à la campagne, 2 dessins à la plume, in-8° en haut. Signés

1426 — **Daguerre**. Scène romantique, aquarelle in-8° en largeur.
   Pièce curieuse du peintre inventeur du Daguerréotype.

1427 — **Decamps** (A.). Académie de jeune homme, au crayon, in-f° en haut.
   Haut. 37 cent. ; larg. 23 cent.

1428 — **Delacroix** (E.). Etudes d'hommes, anatomie et mouvements: in-4° en larg. à la plume, daté 2 février 1839: *Cachet*.

1429 — 2 croquis de médailles antiques, 1 croquis de femmes nues: ens. 3 p. sur une feuille, à la plume. *Cachet*.

1430 — Etudes de chevaux et paysan arrêtant un cheval attelé à une charrette : *à la plume*, in-4° en larg.

1431 — **Delaunay** (J.) Scènes et costumes militaires ; 4 dessins à la plume et au crayon, in-8° montés sur une feuille.

1432 — **Dezannay** (E.) Danses bretonnes, aquarelle. Signée.

1433 — Paysanne et enfant de Loctudy, aquarelle. Signée.

1434 — **Doës**. Pincés! — Le Chasseur et le loup, 7 dessins. Photographie instantanée, 2 dessins ; ens. 10
dessins à la plume. Signées : en 4 feuilles.

1435 — **Dusart** C.). Le Charlatan, beau dessin à la plume et au lavis.

1436 — **Dutilleux** C. . Les Pêcheurs à la ligne, sépia en
largeur.

1437 — **Edelfelt** A . Dans le brouillard. Mirban et
Mme Desayme, au lavis rehaussé de gouache. Signé.

1438 — **Fauché** (Léon . Vache paissant. pastel. — Chat
buvant du lait, fusain. — Fillette les joues bandées,
regardant un vase de fleurs : ens. 3 dessins au crayon,
un rehausé d'aquarelle. Signés.

1439 — **Forain** J. L.. Au Bois, croquis au fusain, in-4°
en haut.— Diane, étude au fusain rehaussée de pastel,
in-f° en haut. — Jeune femme se laissant tomber sur
l'épaule d'un Monsieur. et croquis, au crayon : ens. 3
pièces.

1440 — Flirt, aquarelle, in-4° en haut.

1441 — Aux Courses, études et croquis au lavis, in-4° en
haut au verso : aquarelle représentant l'arrivée des
chevaux de courses .

1442 — Femme assise dans un fauteuil, aquarelle, grand
in-4°, en larg.

1443 — Rencontre, au lavis, in-4° en haut. — Dans un
Salon du demi-monde, au lavis, in-4° en larg. —
Fumeur, étude au crayon : ens. 3 pièces.

1444 — Fillette présentée à un vieillard par une matrone,
à la plume et aquarelle. Signé. — Au Palais (deux
femmes à la barre, crayon rehaussé d'aquarelle, croquis in-8° en largeur ; ens. 2 dessins.

1445 — Patineuse, croquis à l'encre de chine. 1885.

1446 — Le Boa de ta femme pour mes étrennes, tu te foutrais de moi ! à la plume et au crayon bleu en haut.

1447 — **Gaillard** (F.) Femme en prière, dessin au crayon sur papier calque (réparé).

1448 — Portrait d'enfant endormi, dessin au crayon et à la mine de plomb. *Signé et daté* 28 juin 1880.

1449 — **Galice** (L. Les Petits Décavés. — L'Escrime. — Nuit de noces. 3 dessins crayon, plume et lavis, in-folio. Signés.
On y joint un fumé sur japon d'un programme.

1450 — **Garnier** (Jules). Tête de vieux marin, dessin au crayon, in-8º en haut. Signé.

1451 — **Gerbault** (H. . Types de Boursiers. — Les Agents de change à la Corbeille ; 2 dessins plume et crayon. Signés.

1452 — **Géricault**. Etude de cheval, croupe et tête, à la plume et au crayon. *Signée.*

1453 — **Giraldon** Couverture de la Bretagne Artistique : Finistère : crayon et aquarelle. *Signée*, datée 1885.

1454 — **Girardt** (E. . Catherine de Lorraine, duchesse. de Nevers, crayon et mine de plomb, in-8º en hauteur Signé.

1455 — **Giraud** (E.) Caricature : Amateur regardant une aquarelle que lui présente l'artiste : aquarelle in-folio en largeur. *Signée.*

1456 — Têtes de chiens, chats, oiseaux, fusain et aquarelle, in-folio en largeur. Signée.

1457 — Têtes de femme, 3 croquis, sur une feuille in-folio en larg. Signé.

1458 — **Grandville** (J.-J.). La Réconciliation, dessin a la
plume. Signé et daté 1829, in-8° en largeur.

> On y joint la lithographie coloriée, reproduction du dessin ci-dessus sous le titre: « Le Rapprochement difficile ».

1459 — **Guesdon** (de Nantes). Transept de l'église de
Saint-Nazaire à Carcassonne. — Eglise de Sainte-
Croix à Saint-Lo. — Abside de Saint-Denis —Tom-
beau de Ferdinand et Isabelle à Grenade. — Ile Jean-
Jacques Rousseau à Genève: ens. 5 dessins au crayon,
2 rehaussés de lavis et signés.

1460 — **Guillaumot** père. Scènes de coulisses, scènes de
mœurs, 4 aquarelles in-8° en haut. en 2 feuilles.

1461 — **Guys** (Constantin). Promenade au bois : lavis et
encre de chine. — Intérieur d'une maison publique
vers 1851; ens. deux dessins grand in-4° en largeur.

1462 — Grisettes. — Scènes de bal. — Filles. — Gommeux. — voitures ; ens. 21 dessins a la plume et au
lavis d'encre de chine, rehaussés de couleurs *Seront
vendus par lots.*)

1463 — Types du Second Empire: Filles. — Cavaliers.—
Chevaux et voitures. — 30 dessins au lavis, quelques-
uns rehaussés d'aquarelle. (*Seront vendus par lots.*)

1464 — **Habermann.** Etude de femme, plume et crayon,
2 sujets, in-4° en haut. Signés et datés 1885.

1465 — **Hédouin** (Ed). Femme arabe sur un dromadaire.
— Musicien arabe; ens. 2 aquarelles in-4° en haut.
Cachet de la vente.

1466 — Intérieur musulman, peinture sur toile. — Paysage, aquarelle ; ens. 2 pièces. Provenant de la vente
de l'artiste ;

1467 — Scènes rustiques, 4 dessins au crayon Comté, in-f°
en haut., 2 signés. —Etude pour le Voyage sentimen-

tal. — Route de Constantine (étude d'arbres) ; ens. 6 dessins. (Provenant de la vente de l'artiste, avec son cachet.)

1468 — **Heidbrinck**. Le Choix du Modèle. — Les Danseuses de chahut, 2 dessins à la plume et au crayon, un rehaussé d'aquarelle.

1469 — **Heill**. Etudes et croquis, 12 dessins à la plume et au crayon en 4 feuilles, plusieurs signés.

> L'un d'eux représente la scène du lavoir dans *l'Assommoir* d'Emile Zola.

1470 — **Hermann** (Léo). La Digestion de M. le Curé dessin au crayon. Signé.

1471 — **Hervier**. Marché en Normandie (?), dessin au lavis et à la gouache, in-4° en largeur. Signé.

1472 — Vieilles maisons ; dessin au crayon. Signé,
Haut. 25 cent.; larg. 195 milim.

1473 — **Howland** (Frank). Le Coucher, étude de nu à la mine de plomb. Signé.

1474 — **Isabey** (J. B.). Zimmerman, compositeur de musique, portrait-charge à la sépia, in-4° en hauteur. Signé.

1475 — **Jeanniot** (G. . La Balayeuse. — Paris l'hiver.— L'Astique. — Le Cabinet de toilette (soldats) ; ens. 4 dessins à la plume et au crayon, un signé.

1476 — Un Coin de plage à Trouville, dessin à la plume. Signé. — Au Concert, plume et crayon. Signé; ens. 2 dessins.

1477 — **Jeanron** (P. A.). Souvenirs de 1848 ; 6 dessins au crayon, sur 3 feuilles.

1478 — **Jongkind** (J. B.). La Promenade dans les bois, dessin au crayon Comté et pastel.

1479 — **Kaemmerer** (J.). Menu pour l'anisette Marie Brizard ; à la plume. Signé.

1480 — **Lalanne** (M.). Vieux donjon et ruines, usain in-4° en larg. Signé.

1481 — Trouville, 1876 ; joli dessin à la mine de plomb, in-f° en larg. Signé et daté.

1482 — **Lami** (Eug.). Quatre études de femmes nues, au crayon, avec rehauts de blanc.

1483 — Portrait de George Sand ? in-8° ovale, crayon rehaussé.

1484 — La Rentrée des troupes de Crimée, aux crayons de couleurs, in-f° en largeur.

1485 — Soldat mort. — Soldat chargeant à la baïonnette, 2 dessins au crayon rehaussé.

1486 — Cérémonie dans une église, aquarelle, in-8° en hauteur.

1487 — Scène de Don Quichotte, importante composition au crayon, avec quelques touches d'aquarelle, in-4° en largeur.

1488 — Épisode des Guerres de Bourgogne, belle aquarelle, in-f° en larg.

1489 — Napoléon III et le Petit Prince impérial, aquarelle, in-f° en haut.

1490 — **Lançon** (A.). Vautours sur le corps d'un éléphant, dessin à la plume, in-4° en larg. Signé.

1491 — **Legrand** (Louis). Réminiscences, au crayon rehaussé de lavis. Signé.

1492 — Repasseuse, joli croquis au crayon. Signé des initiales.

1493 — Les Asperges, crayon et lavis, avec cette légende :
Prenez garde.
Le père Lozé vous regarde.
Signé.

1494 — Maison cl se des boulevards extérieurs, à la plume. Signé et daté 84.

1495 — Études de femmes, 3 croquis, in-4°, aux crayons de couleurs. Un signé des initiales.

1496 — La Lecture du Journal, aux crayons de couleurs, in-4° en haut. Signé des initiales.

> Hauteur, 27 millim.; largeur, 21 millim.

1497 — La Cloche, croquis aux crayons noir et bleu, in-4° en haut.

1498 — La Revanche Le général Boulanger conduisant la Victoire, beau et important dessin au crayon, rehaussé. Signé.

> Hauteur, 34 millim.; largeur, 215 millim.

1499 — Fête villageoise, plume et crayon, in-4° en haut. Signé, daté 1884.

1500 — Joueurs de boules. Bèze, sep. 84, plume et crayon, in-4° en haut. Signé, daté.

1501 — Maître Lecamus, aquarelle, in-8° en hauteur. Signée. — « *Dire que c'est l'équilibre qui veut ça!* » plume, in-4° en hauteur. Signée; ens. 2 dessins.

1502 — Un Enterrement, plume et crayon, in-4° en largeur. Signé, daté 84.

1503 — **Lessore** E.. Fontaine sur une place de village, aquarelle. Signée.

1504 — **Lunel** F.. Les Émigrants pour *le Livre de Pochi*, Louis Legrand rêvant à ses dessins; ens. 2 dessins. Signés.

1505 — L'Anémie de la colonelle. — L'Annonce du Concert des Champs-Élysées. — La Folle du port; ens. 3 dessins à la plume ou à la gouache. Signés.

1506 — Au Cirque. — Visite au cimetière. — La Femme et Cupidon, 2 sujets différents. — Entr'acte; ens. 6 dessins à la plume, au crayon et à l'encre de chine.

1507 — **Luques** (M. Les Bouquinistes sur les quais de
Paris. On dort ou on peut ; ens. 2 dessins à la plume.
Signés.

1508 — Jeunes Femmes en promenade, 2 dessins à la
plume, in-4° en haut. Signés.

1509 — La Parade, plume, in-4° en larg. Signé. — *Sur la
corde raide*, plume, in-4° en haut. Signé : ens. 2 dessins.

1510 — **Lynch** (A. Amours juvéniles, au crayon rehaussé
de gouache et de lavis. Signé.

1511 — Le Vol au pot. — La Couverture d'occasion,
2 aquarelles in-8° en largeur. Signées.

1512 — **Manet** E . Croquis originaux, au crayon et au
lavis d'encre de chine. — Montreur d'ours, in-4° en
larg. Signé E. M. — Voiture, vue de dos. Signée E.
M. — Portrait d'Edgar Poé. Signé E. M. — Feuille
de caricature. — Enfants à la fenêtre. Signé E. M. —
Etude de moines, à la sanguine. — Marchand de vin
à son comptoir. Signé E. M. — Etude d'arbres avec
un banc. Signée E. M. — Chat accroupi sous une
chaise. Signé E. M. — Buste de femme. Signé E. M.
— Femme nue couchée, à la sanguine. *Sera divisé* .

1513 — Les Acrobates, important dessin au lavis d'encre
de chine, in-4° en largeur. Signé E. M.
> Haut., 26 cent.; larg., 285 millim.

1514 — **Marcellin**. La Toilette 2 jeunes femmes s'habillant , dessin à la plume, in-4° en haut.

1515 — **Marie** Adrien . Jeu d'enfant Fillette et polichinelle, pris par un crabe . 6 dessins à la plume sur une
feuille. Signée.
> Haut., 335 millim.; larg., 235 millim.

1516 — **Masic** N... Italienne conduisant des canards, à

la plume, sur papier Gillot, in-4° en haut. (*Paris
illustré n° 12*). Signé.

1517 — **Massard** (L). Philippe Guillaume de Nassau
prince d'Orange, d'après *Porbus*, à la mine de plomb,
in-12 en haut. Signé.

1518 — **Millet** (J.-F.). Faune poursuivant une Femme,
à la plume (cachet) in-8° en haut.

1519 — Bêcheur au repos, 2 croquis à la plume et au
crayon de la petite eau-forte du maître.— Paysan lan-
çant son fléau, à la plume; 3 croquis sur une feuille
(cachet).

1520 — Jeune Femme assise. — Paysan tirant, 2 croquis au crayon sur une feuille (cachets).

1521 — **Miniatures Indiennes**. 3 feuilles, in-4° en haut.
à l'aquarelle, avec rehauts d'or.

1522 — **Monnier** (H.). Paysanne de Parthenay en grand
costume, aquarelle, in-4° eu haut. Signé (*Cachet de la
vente H. Monnier*).

> Haut., 25 cent.; larg., 16 cent.

1523 — Portrait de Ch. Méryon, au crayon. Signé et
daté 31 janvier 1863, in-4° en haut.

> Haut., 22 cent.; larg., 15 cent.

1524 — 2 Portraits d'homme, en buste au crayon. Signés
et datés septembre 1846 et mars 1847, in-8° en haut.

1525 — **Morin** (Ed). Fête Nationale du 14 Juillet, in-f°
en haut. — Le Retour du soldat, in-4° en larg; ens.
2 croquis au crayon.

1526 — Juin : Soleil aux Tuileries, crayon et lavis, in-4°
en haut. Signé. — Vieillard sur un banc. — Domes-
tique buvant, à la plume, in-4° en haut. Signé; ens.
2 dessins.

1527 — Terrasse d'un Café, esquisse au crayon, avec rehauts d'encre de chine, in-f° en larg.

1528 — Prise de Constantine, à l'encre de chine, in-f° en larg.

1529 — Projet de Frontispice pour Notre-Dame de Paris, de V. Hugo, plume et rehauts d'aquarelle, in-8° en haut.

1530 — **Myrbach**. Le Jugement, au lavis d'encre de chine, in-4° en larg. *Signé*.

1531 — **Nanteuil** C. . Dessin pour un titre de musique, plume et encre de chine, petit in-4" en haut.

1532 — **De la Noé** G. . Enfant tenant un baton ; Etude pour un tableau, au crayon, in-f° en haut. Signé.

1533 — **Noël** A. . Les Pierres noires, goulet de Brest, aquarelle, in-4° en larg.

1534 — **Novion** Colonel d'artillerie). L'Arrivée des Courses d'obstacles : Artilleurs, Hussards ; ens. 4 dessins, dont 3 rehaussés d'aquarelle, grand in-4° en haut.

1535 — **Osterlind** Allan . Paysannerie, aquarelle, in-4° en larg. Signée.

1536 — Femmes et enfants de marins sur la falaise, lavis d'encre de chine, rehaussé de gouache, in-f° en haut. Signée.

1537 — Un Drame à bord, lavis d'encre de chine, rehaussé de gouache. Signé.

1538 — **Parabére**. Études 4 de fillette endormie, aux 3 crayons. Signé.

Hauteur, 30 millim. ; largeur, 45 millim.

1539 — **Perrey** (Léon de . Frontispice pour un volume, au crayon rehaussé. Signé et daté 1850.

1540 — **Phillippon** (Ch.). Amours de la Rue Saint-Denis : « C'est comme cela que vous faites l'article ?... » aquarelle, in-4° en haut.

1541 — **Pilottel** (G.). La Sage-femme, copie d'une gravure des Français, peints par eux-mêmes, in-8° en haut., à la mine de plomb.

1542 — **Poterlet**. 4 Croquis pour une Scène de Roméo et Juliette, en une feuille, in-4° en larg.

1543 — Au Corps de garde nationale d'Epernay, 1848, 3 croquis au crayon sur une feuille. Signée.

1544 — Jeune Femme saluant. — Étude de femme nue ; ens. 2 dessins, in-4°.

1545 — **Poullain** (L.). Dessin pour l'annonce d'un Bal en Crimée le 1er avril 1856, à la plume, in-fol. en haut. Signé.

1546 — **Raffet**. Napoléon Ier, croquis au crayon, in-12 en haut.

1547 — **Récipon**. Famille de marins sur la jetée d'un port, au lavis et à la gouache, in-4° en large. Signé.

1548 — **Renouard** (P.. Débardeur, croquis à la plume et au crayon, in-8° en haut.

1549 — **Robert**. Caricatures militaires. — Avocats ; ens. 19 aquarelles de divers formats. Signées en 4 feuilles.

1550 — **Roy** José . Le Déshabillé, à la plume sur papier Gillot. *Signé*.

1551 — **Saint-Marcel** (Ed.). Lion assis. — Lionne couchée, 2 dessins à la plume, un rehaussé et signe.

1552 — Lionne assise. — Lionne couchée, 2 p. au crayon, une rehaussée d'aquarelle.

1553 — Tigre marchant, à la plume. Signé.

1554 — Lion à sa toilette. — Lion assis. — Tigre rampant; ens. 3 dessins à la plume, 2 rehaussés d'aquarelle.

1555 — Tigre se levant, à la plume et aquarelle. Signé. Lion et lionne. — Tigre et lézard : ens. 3 pièces, — 2 signées.

1556 — Nègre terrassé par un tigre, importante aquarelle, in-fol. en largeur. Signée.

1557 — Tête de lion. — Vautour. 2 dessins rehaussés, un signé.

1558 — **Somm** H.. Feuille de 13 dessins ou croquis, rehaussés d'aquarelle, in-4° en larg. Signée.

1559 — Croquis divers en feuilles. 8 pièces à la plume et au crayon, 1 rehaussé d'aquarelle.

1560 — Jeune Femme assise, à la sépia, in-4° en haut. Signée.

1561 — **Steinlen** A.. Fille faisant l'aumône à de pauvres enfants ; dessin à la plume et au crayon bleu. Signé.

1562 — **Tissandier** Albert. En Ballon !! pendant le siège de Paris, crayon et gouache, in-8° en haut. Signé.

   Destiné à être le titre d'un volume, 1873.

1563 — **Tofani**. Dromadaire portant sur son dos deux femmes dans un palanquin. plume in-4° en haut.

1564 — **Vidal** Pierre. Scène de la Révolution ; plume in-f° en haut. Signé.

1565 — **Vogel** H.. Le Grand-père, à l'encre de chine, avec rehauts de gouache, in-4° en haut. Signé.

1566 — **Willette** Ad.. Ohé les gens de sport, ohé !. feuille de huit croquis, au crayon rehaussé.

1567 — Fête du Soleil, page de croquis au crayon et à la plume. Signée.

1568 — Un Vol à Paris, au crayon et à la plume.

1569 — Scène de brasserie, au crayon et à la plume.

1570 — Souvenir de Cahors, au crayon. Signé.

1571 — Puberté; crayon bleu, in-8° en hauteur.

1572 — Sous ce numéro seront vendus par lots tous les portefeuilles de la Collection.